W0231829

Das Kuschel-Vorlesebuch

Das Kuschel-Vorlesebuch

Herausgegeben von Carolin Böttler

Mit Bildern von Mathias Weber
und einem Elternkapitel
von Christiane Benthin

Thienemann

Inhaltsverzeichnis

Sternstunden. Vom Kuscheln, Lesen und Lernen –
Ein Elternkapitel von Christiane Benthin   7

Verena Carl Flugstunden mit Dragomir   15

Lene März Es fährt ein Boot nach Schangrila   25

Beate Dölling Prahlgänschen   28

Ursula Wölfel Die Geschichte vom Hasen
mit den großen Ohren   32

E.T.A. Hoffmann Nussknacker und Mausekönig   34

Jeanette Randerath Du bist ein echtes Wundertier   58

Dagmar H. Mueller Johnnie will bei Mama schlafen   65

Michael Ende Lirum Larum Willi Warum   73

Edith Schreiber-Wicke Zwei Papas für Tango   83

Ulrike Kuckero Till lädt die Waldelfe ein   85

Otfried Preußler Habuh! Habuuuh!   93

Ursula Wölfel Die Geschichte vom lustigen Mädchen   101

Brinx/Kömmerling Die goldenen Schuhe   103

Daniel Napp Wie Kriminaloberhauptkommissar Meister
die Robozzo-Brüder kassiert   114

Sigrid Heuck Kieselsteinfieber   122

Thomas Fuchs Der Florastraßen-Grand-Prix   128

Michael Ende Der Teddy und die Tiere — 140

Christian Tielmann Autoverrückt — 154

Gebrüder Grimm Brüderchen und Schwesterchen — 158

Dagmar Geisler Ich kann dich ziemlich gut leiden — 170

Christian Berg Tamino Pinguin und die schwarze Maus Jeny
mit einem N — 172

Max Kruse Urmel ist ein Schatz — 182

Sibylle Rieckhoff Bleib bloß da drin! — 186

Otfried Preußler Rücken an Rücken mit einem guten Freund — 190

Daniel Napp Peeperkorn erobert den Nordpol — 197

Ursula Wölfel Die Geschichte von den Nilpferden — 209

Jo Pestum Die Wilden Acht — 211

Edith Schreiber-Wicke Kai kann's — 220

Jeanette Randerath Carlotta und das Rätsel der Zeit — 225

Hans Christian Andersen Die wilden Schwäne — 231

Joachim Friedrich Mein bester Freund und ich brauchen
keine Mädchen — 242

Max Kruse Urmel in der See — 248

Christian Tielmann Lulatsch und Haudrauf auf Piratenjagd — 261

Autorenverzeichnis — 268

Alphabetisches Verzeichnis — 269

Quellenverzeichnis — 271

Sternstunden.

Vom Kuscheln, Lesen und Lernen
Ein Elternkapitel von Christiane Benthin

Liebe Eltern, liebe Vorleserinnen und Vorleser —

auf irgendeinem Weg ist dieses Vorlesebuch in Ihre Hände gekommen. Vielleicht haben Sie es selbst gekauft. Vielleicht wurde es Ihrem Kind geschenkt. Oder es war ein Geschenk an Sie.

Ganz egal wie: Ein *Geschenk* ist es allemal. Denn Sie und Ihr Kind werden Geschichten finden und Typen kennenlernen, die Ihnen etwas zu erzählen haben. Es warten kleine Angeber, ein Seehund und ein Deichschaf, ein neugieriger »Warum?«-Frager, zwei Papas für ein Kind, ein kleiner Wassermann, ein lustiges Mädchen, Brüderchen und Schwesterchen, das Urmeli und viele mehr zwischen diesen Buchdeckeln darauf, von Ihnen vorlesend zum Leben erweckt zu werden. Vielleicht sind ja auch einige alte Bekannte für Sie als Erwachsene dabei, denn das vorliegende Buch vereint Klassiker der Kinderliteratur mit ganz neuen Geschichten, die im Thienemann Verlag in den vergangenen Jahren als Bilderbücher erschienen sind. Sie werden Ihnen und dem Kind, dem Sie vorlesen, einige herzwarme Stunden schenken. Ganz im Sinne Bruno Bettelheims, des Schweizer Psychoanalytikers, der schon vor mehr als 30 Jahren wusste: »Soll eine Geschichte ein Kind fesseln, so muss sie es unterhalten und seine Neugier wecken. Um aber sein Leben zu bereichern, muss sie seine Fantasie anregen und ihm helfen, seine Verstandeskräfte zu entwickeln und seine Emotionen zu klären. Sie muss auf seine Ängste und Sehnsüchte abgestimmt sein, seine Schwierigkeiten aufgreifen und zugleich Lösungen für seine Probleme anbieten. Kurz: Sie muss sich auf alle Persönlichkeitsaspekte beziehen. Dabei darf sie die kindlichen Nöte nicht verniedlichen; sie muss sie in ihrer Schwere ernst nehmen und gleichzeitig das Vertrauen des Kindes in sich selbst und in seine Zukunft stärken.« (Bruno Bettelheim: *Kinder brauchen Märchen*, München, dtv 1995, 18. Aufl.)

Die Geschichten müssen Kinder beim Vorlesen in ihrer Gefühlswelt erreichen. Nur so können sie Kinder wirklich fesseln und zum Vorlesevergnügen werden, was zu einer positiven Gesamterfahrung mit dem Buch an sich wird und damit eine wichtige Weiche stellt zum späteren eigenen Lesevergnügen und Lesewillen.

Solche Geschichten sind hier gesammelt und versammelt worden.

In den letzten Jahren wurden immer wieder Untersuchungen bei Schulkindern unterschiedlicher Altersstufen durchgeführt, die erschreckende Ergebnisse in deren Sprach- und Lesekompetenzen hervorbrachten. Familien gerieten dadurch unter Druck, weil ihnen in der Öffentlichkeit immer wieder suggeriert wird, ihren Kindern mehr vorlesen zu müssen, um damit eine frühe Lesemotivation einzuleiten. Dabei ist der Alltag oftmals vollgestopft, denn außer der Leserei sollen ja auch noch vielfältige andere mehr oder weniger sinnvolle Förderangebote den Kindern ermöglicht werden und der eigene Berufsalltag muss auch noch mit bewältigt werden. Man kommt nicht einmal mehr zum Selberlesen und schämt sich noch dafür, weil man weiß, dass man dem Kind vorbildlich vorangehen sollte.

Dieser Druck soll hier nicht verstärkt werden. Sie müssen Ihrem Kind nicht bereits im frühen Alter ein Bibliothekswissen eintrichtern. Es geht um die Intensität und die Qualität des Vorleseerlebnisses. Warum das so ist, möchte ich Ihnen gern kurz erläutern, denn die Gründe sind faszinierend und überzeugend.

Neben der von Bruno Bettelheim hervorgehobenen Unterstützung der emotionalen Entwicklung des Kindes wissen wir auch aus der Forschung über die Sprachentwicklung, welch große Bedeutung dem Vorlesen in der Kindheit beizumessen ist.

Es ist erwiesen, dass eine einwandfreie Alltagssprache und

ein umfangreicher Grundwortschatz bei Schuleintritt oberste Voraussetzung für leichtes Lesen- und Schreibenlernen ist und damit die Basis für lebenslange Bildungsvoraussetzungen schafft.

Wie aber legt ein Kind eine einwandfreie Alltagssprache und einen großen Wortschatz an? Selbstverständlich zunächst einmal dadurch, dass es von Säuglingszeiten an auf Bezugspersonen trifft, die mit ihm sprechen und sich dafür interessieren, was es selbst mitteilen möchte. Und zwar bereits auf vorsprachlicher Ebene, wenn das Kind sich noch nicht mit Worten ausdrücken kann. Ein Erwachsener, der das Kind verstehen will, ermutigt es, sich mitzuteilen und dabei mehr und mehr auf die Sprache als Mittel der zwischenmenschlichen Verständigung zu vertrauen. Also »Gerne-Sprecher« zu werden und in der Folge auch anderen gerne zuzuhören.

Für die reine Alltagssprache genügt also eine gute Gesprächskultur in der Familie und der Kindertagesstätte.

Für den großen Wortschatz aber ist sie nicht genug.

Um diesen anzulegen, muss ein Kind in verschiedene Sprachmilieus gelangen, das heißt, es muss Sprache erleben, welche über die in Familie und Kindertagesstätte gehörte und gesprochene hinausgeht.

Nun könnte man ja sagen, Kinder erleben durch Fernsehen und Hör-CDs oder -Kassetten eine Wortschatzerweiterung und eine Welt von Geschichten und Helden. Das stimmt, hat aber einen Haken.

Aus der modernen Hirnforschung der letzten Jahre haben wir erfahren, dass der Mensch — egal welchen Alters — besonders gut lernt und Gelerntes besonders nachhaltig behält, wenn es ihm in einer Atmosphäre von Geborgenheit und Zuwendung vermittelt wird. Es ist wissenschaftlich nachgewiesen, dass biochemische Prozesse im menschlichen Gehirn leichter in Gang geraten, wenn der Mensch entspannt und emotional »getragen« ist (vgl. Gerald Hüther: *Kinder brauchen Wurzeln*, Düsseldorf, Walter Verlag 2001 und ders.: *Bedienungsanleitung für ein menschliches Gehirn*, Göttingen, Vandenhoeck & Ruprecht 2001).

Und hierbei hat man die geborgene, körpernahe Situation des Vorlesens als eine perfekte Variante der Sprachförderung entdeckt. Wenn man aneinandergekuschelt zusammensitzt, ein Buch auf dem Schoß, auf dessen Bildern sich die Blicke treffen — dabei vertieft in eine Geschichte, welche die eigenen Gefühle anspricht. Und man innehalten kann, um sich zu erzählen, was man gerade über das Gelesene denkt und wann und wo einem selbst vielleicht schon einmal Ähnliches passiert ist, was einen anregt, ärgert oder wundert — dann wird die Geschichte wirklich »einverleibt«, man macht sie sich »zu eigen« und vergisst die Worte nicht mehr. Alle Worte, die wir im Leben in einer solch positiven Atmosphäre zum ersten Mal hören und benutzen, bleiben uns in unserem Wortschatz mühelos erhalten.

Eine große innere »Wortsammlung« wird dann für das Kind zu einer großen Unterstützung im Lesenlernen. Wie – das kann man noch als Erwachsener sehr leicht nachvollziehen: Versetzen Sie sich für einen kurzen Moment in eine Situation, in der Sie einen unbekannten Text laut lesen sollen. Ist der Text voller Fremdwörter und möglicherweise auch inhaltlich aus einem Gebiet, in dem Sie sich nicht auskennen, dann will er Ihnen nicht von der Zunge. Wenn Sie die Worte kennen und es um etwas Geläufiges geht, können Sie flüssig und leicht lesen.

So geht es Kindern beim Lesenlernen. Mühsam reihen sie die Buchstaben aneinander, aber plötzlich flutscht ihnen das Wort leicht aus dem Mund, sobald sie erkannt haben, was es bedeutet und wie sie es aussprechen müssen. Je größer der Grundwortschatz, desto leichter das Lesenlernen.

Und, nur am Rande bemerkt, umso leichter das Denken. Denn mit zunehmendem Alter denkt das Kind auch in Worten und kann seine Gedanken viel klarer formulieren, wenn ihm viele Worte dazu zur Verfügung stehen.

Sprache wird reich und schön durch Wortreichtum. Kinder lassen sich faszinieren durch alte oder nicht-alltägliche Worte oder Redewendungen. Sie gebrauchen sie gerne und gehen sehr spielerisch damit um. Dadurch werden sie in der Rede »wortgewandt« und sicher und trauen sich auch später im Lesen etwas zu, das vielleicht nicht immer leichte Kost ist.

In den hier gesammelten Geschichten können Kinder die unterschiedlichsten Sprachstile finden. Alte Märchensprache, lyrische Texte, kleine poetische Texte, Alltagssprache – und in all diesen Formen Geschichten aus unterschiedlichen Lebenswelten, ganz real oder ganz fantastisch. Sie werden reicher an Emotionen, an Kenntnissen, an Worten werden. Denken Sie nicht, Sie müssten jedes nicht geläufige Wort dem zuhörenden Kind erklären. Wenn es nicht fragt, dann versteht es dieses womöglich aus dem Zusammenhang oder es behält es allein seines schönen Klanges wegen. Und begreift erst viel später den wirklichen Sinn.

Über all dies hinaus verbindet das Kind durch die gemütliche (also dem Gemüt zuträgliche!!) Situation des Vorlesens immer positive Gefühle mit dem Medium »Buch« an sich. Das Buch als solches wird Symbol für ein positives Erlebnis von Nähe und Wärme, von Spannung und Freude, was eine Grunderfahrung für lebenslange Freude am Buch sein wird.

Fragt man Erwachsene, die gerne lesen, welche Lese- oder Erzählerlebnisse sie aus ihrer Kindheit erinnern, so berichten fast alle von Lieblingsbüchern oder -märchen, die am Abend oder wenn man krank war auf dem Sofa vorgelesen wurden. Für einen ganz allein von Mutter oder Vater oder einem Großelternteil. Manchmal immer wieder die gleiche Geschichte.

Lesen Sie dieses Buch auf Ihre eigene Art vor. Vielleicht lesen Sie von vorn nach hinten, jeden Abend eine Geschichte. Vielleicht blättern Sie quer durch und lassen sich von Titeln oder Bildern inspirieren. Vielleicht hören Sie mitten in einer Geschichte auf, weil sie nicht hält, was sie versprach. Vielleicht bleiben Sie mehrere Tage an einer »Immer-wieder«-Geschichte hängen, weil diese Ihr Kind auf besondere, manchmal unerklärliche Art in seiner Gefühlswelt anspricht – und Sie, am Rande bemerkt, dadurch sogar über das gegenwärtige »Lebensthema« Ihres Kindes etwas erfahren.

Finden Sie Ihren eigenen Weg durch dieses Buch und zur Freude am Vorlesen.

Ich wünsche Ihnen und dem Kind, das Ihnen zuhören darf, dabei das reinste Vergnügen.

Christiane Benthin, Jahrgang 1965, machte nach dem Abitur eine Ausbildung zur Erzieherin, studierte anschließend Sozialpädagogik und leitete einen Kindergarten. Seit einigen Jahren ist sie Dozentin – unter anderem für Kinder- und Jugendliteratur – an der Pädagogischen Akademie im Elisabethenstift Darmstadt. Sie absolvierte einen Fernkurs mit diplomiertem Abschluss in Kinder- und Jugendliteratur bei der STUBE, Wien. Nebenberuflich bietet sie Fortbildungen für Erzieherinnen in Kindertagesstätten an. Christiane Benthin lebt mit ihren beiden Töchtern in Darmstadt.

Verena Carl

Flugstunden mit Dragomir

Der kleine Drache Dragomir war an diesem Sonntagmorgen bester Laune. »Ich kann's, ich kann's, ich kann's!«, sang er schon beim Aufstehen vor sich hin. Während er sich vor dem Spiegel die Zähne putzte, sang er immer noch (was sich ungefähr so anhörte wie »ikns, ikns, ikns«), und auch beim Frühstück hörte er nicht damit auf.

»Man singt nicht mit vollem Mund«, mahnte der Drachenvater und gähnte, sodass man alle seine einhundertsiebenundzwanzig spitzen Zähne sehen konnte. »Außerdem weißt du genau, dass Mama gestern gearbeitet hat. Da wollen wir sie doch ein bisschen ausschlafen lassen.« Wie zum Beweis drang aus der Höhle ein leises Schnarchen und Schnauben. Die Mutter musste sehr erschöpft sein.

Sie war größer als der Vater und außerdem viel furchterregender mit ihrer rosa schillernden Drachenweibchenhaut. Wenn sie Feuer spuckte, loderte die Flamme bis zu den weißen Schäfchenwolken am Himmel empor. Deswegen flog meistens sie los

15

und nicht der Vater, wenn es besonders reiche oder besonders edle Prinzessinnen zu bewachen gab. Und auch auf dem Schild über der Tür der Drachenhöhle, auf dem *Wachdrachen zum Mieten — gut, günstig, grauenvoll!* stand, war ihr Bild zu sehen und nicht das des Vaters.

Gestern Nachmittag hatte sie einen Notruf bekommen und war erst im Morgengrauen wieder zu Hause gelandet, so müde und abgekämpft, dass sie nicht einmal mehr ihrem Sohn einen Gutenachtkuss gegeben hatte.

»Ich kann's, ich kann's«, sang Dragomir wieder, diesmal etwas leiser.

»Was denn überhaupt?«, fragte der Vater.

»Das«, sagte der kleine Drache, »ist mein Geheimnis.«

»Na schön«, meinte der Vater und kratzte sich mit einer scharfen Kralle am Kinn, »möchtest du noch Kakao?«

Dragomir schüttelte den Kopf.

»Dann geh doch ein bisschen raus. Aber sei leise.«

Der kleine Drache sprang auf und schüttete dabei den Rest Kakao um. So schnell wie möglich wollte er hinaus auf die große grüne Wiese.

Oft verbrachte er seine Sonntage zu Hause und spielte den ganzen Tag mit seinem kleinen »GameDragon«-Computer. Sein Lieblingsspiel hieß »Ritter raus!«. Dabei ging es darum, möglichst vielen kleinen Männchen in Rüstung das Schwert aus der Hand zu schlagen. Und wenn man hundert Punkte

hatte, bekam man selbst ein zusätzliches Leben geschenkt. Aber heute war ihm nicht nach Computerspielen zumute.

»Ich mache einen kleinen Ausflug«, rief er und musste kichern. Denn der Vater konnte ja nicht ahnen, dass Dragomir diesen Satz ganz wörtlich meinte.

Der Vater legte eine Kralle an die Lippen. »Psst, ich hab doch gesagt, du sollst nicht so schreien.«

Während Dragomir sich in der Küche noch ein Marmeladenbrot für unterwegs schmierte (und eins für den Rückweg – man konnte nie wissen!), tippte ihm der Vater noch einmal auf die Schulter. Er sah besorgt aus.

»Pass auf wegen der Ritter!«, sagte er eindringlich. »Mama hat erzählt, dass sie gerade in großen Gruppen unterwegs sind. Und die Nachbarin hat gehört, dass eine andere Nachbarin erzählt hat, sie würden kleine Drachen gefangen nehmen und in Käfigen halten!«

In Wirklichkeit, das wusste Dragomir, waren Ritter noch viel gefährlicher als in seinem Computerspiel. Erst letzte Woche hatte der kleine Drache eine Klassenarbeit zum Thema »Der Ritter, unser größter Feind« geschrieben. Er hatte viel gewusst: über die schnellen Pferde, auf denen sie saßen, die langen Schwerter, mit denen sie sogar die dickste Drachenhaut verletzen konnten, und die eisernen Rüstungen, durch die sie selbst beinahe unverwundbar waren. »Aber eigentlich können Ritter viel weniger als wir Drachen«, hatte er zum Schluss in sein Schulheft geschrieben, »zum Beispiel können sie nicht fliegen.«

Dragomir steckte die Marmeladenbrote in seine karierte Umhängetasche, lief eilig den kleinen Kiesweg zum Flussufer hinunter und fing dabei wieder an zu singen. Was für ein Tag! Was für ein Wetter! Dazu noch schulfrei. Keine langweiligen Übungsstunden wie »Feuer speien« oder »Donner grollen«. Und vor allem kein Unterricht bei Frau von Besserweiß, der Benimmlehrerin.

Heimlich nannten die kleinen Drachen sie »von Besserbeiß«, denn ihre Vorderzähne waren so lang, dass sie beinahe aus ihrem Maul heraushingen. Deshalb hatte sie auch einen leichten Sprachfehler. »Gutefff Benehmen«, sagte sie immer, »gutefff Benehmen und guter Ftil! Daf ift daf Allerwichtigfte, wenn ihr euch mit Prinzeffinnen unterhaltet.« Denn später, wenn die Drachenkinder groß wären, dann müssten sie schließlich die schönsten und edelsten Fräulein bewachen.

Die Mutter hatte erzählt, Prinzessinnen würden den ganzen Tag nur mit ihren kostbaren Ketten und Ohrringen spielen und sofort anfangen zu weinen, wenn sie mit ihren seidenen Schuhen in den Regen kamen.

Ganz schön zickig, dachte Dragomir. Ich glaube, Prinzessinnen sind doof.

Der Weg zur großen grünen Wiese führte immer am Fluss entlang. Die Sonne glitzerte auf dem Wasser, Schmetterlinge tanzten über dem Schilf am Ufer und auf Kieselsteinen lagen kleine Käfer in der Sonne. Ab und zu drehte Dragomir sich um, um sicherzugehen, dass ihm niemand folgte. Denn schließlich hatte er ein Geheimnis: Seit drei Tagen konnte er endlich fliegen. Noch nicht besonders hoch und noch nicht besonders weit und die Vögel lachten ihn aus, wenn sie ihn mit seinen kleinen grünen Flügeln durch die Luft rudern sahen. Aber es war wenigstens ein Anfang.

Seit Monaten hatte er es immer wieder geübt, zusammen mit den anderen kleinen Drachen in den Flugstunden und allein auf der Wiese. Denn hier kam selten jemand her, der ihn beob-

19

achten konnte. Aber kaum hielt er sich ein paar Sekunden in der Luft, hatte er Angst bekommen und dann war er zurück ins Gras geplumpst wie ein Sack Kartoffeln. Die Drachenkinder hatten ihn ausgelacht und er hatte sich jede Menge blauer Flecken geholt, was auf der grünen Drachenhaut gar nicht schön aussah. Außerdem tat es weh.

Seine Eltern hatten sich schon Sorgen gemacht und ihm einen privaten Nachhilfelehrer organisiert. Aber den mochte Dragomir nicht. Denn Herr Bruchpilot hatte Mundgeruch und eine Warze auf der Schnauze. Und außerdem nahm er bei seinen Kommentaren kein Blatt vors Maul. »Du bist zu schwäär zum Fläägen!«, mahnte er jedes Mal. »Äss mal ein bässchen wääniger!« Daraufhin hatte sich Dragomir abends eine extra-dicke Schicht Marmelade aufs Brot geschaufelt. Zum Trotz.

Dann endlich, vorgestern Nachmittag, hatte es geklappt. Auf dem Nachhauseweg hob er immer wieder ab und schwebte schwerelos ein paar Meter über dem Weg. Schließlich traute er sich sogar, im Zickzack den Fluss zu überkreuzen, und stürzte kein einziges Mal ab. Trotzdem hatte er seinen Eltern noch nichts davon erzählt. Erst wollte er ganz sicher sein, dass er das Fliegen nicht plötzlich wieder verlernte. Und ein bisschen höher und weiter wollte er es auch noch schaffen. Selbst wenn er sich dann beim Essen wirklich etwas zurückhalten musste.

Mitten auf der großen grünen Wiese lag ein riesiger, moosbewachsener Felsbrocken.

Der ist gut, dachte Dragomir. Von dort aus kann ich starten.

Er legte seine Umhängetasche ab und kletterte hinauf, auf Samtpfoten, damit er sich keine Kralle abbrach. Mit einem lauten »Ich kann's, ich kann's, ich kann's!« warf sich der kleine Drache in die Luft und begann, heftig mit den Flügeln zu schlagen. Einen Moment lang wurde ihm ganz schwindelig, aber dann merkte er, dass er sich tatsächlich in der Luft halten konnte. Vorsichtig flog er ein paar Meter bis zu den großen Linden am Rand der Wiese. Sicherlich sah das weniger elegant aus, als wenn die Mutter oder der Vater sich in die Lüfte erhob, aber immerhin: Er konnte es noch, und nicht schlechter als vor zwei Tagen.

Auf einmal erblickte er etwas Metallisches in einer Baumkrone.

Das ist auf jeden Fall kein Vogelnest, dachte er. Das muss ich mir genauer anschauen!

Und so entdeckte er das Schwert des kleinen Ritters Rufus, das mit der Klinge tief in einem Ast steckte.

Dragomir war unsicher, was er tun sollte. Einerseits hätte er dieses lange, blitzende Ding gern einmal in die Kralle genommen und ausprobiert, was man damit machen konnte. Andererseits war es ja vielleicht gefährlich. Also sang er erst einmal ein bisschen vor sich hin. Gestern erst hatte er sich ein neues Lied ausgedacht. »Kleine Drachen blau und grün, fliegen weite Strecken. Über Burgen, über Seen, und auch über Hecken«, trällerte er etwa siebzehn Mal nacheinander, denn das Lied hatte nur eine Strophe und die war ziemlich kurz.

Auf einmal hörte er jemanden rufen. »He, du!«

Dragomir drehte sich um, verlor das Gleichgewicht und ruderte verzweifelt mit den Flügeln. Doch es half nichts: Wie in seinen schlimmsten Flugstunden plumpste er auf den Boden und direkt einer Gestalt vor die Füße, die er noch nie gesehen hatte. Ein Menschenjunge, genauso klein wie er selbst und mit einem freundlichen Gesicht. Rufus war gerade vom Mittagessen zurückgekommen und wusste noch immer nicht, wie er sein Schwert zurückholen sollte.

»Hallo!«, sagte Dragomir und rappelte sich auf. Ob der Menschenjunge ihn auslachen würde? Aber der sah eher besorgt aus.

»Hast du dir wehgetan?«, fragte er, und Dragomir schüttelte schnell den Kopf und klopfte sich den Staub vom Rücken. »Weißt du«, sagte der Junge, »mein Schwert ist in der Baumkrone gelandet und ich komme da nicht hoch. Könntest du es mir wiederbringen?«

Der kleine Drache überlegte einen Moment. Wenn das blitzende, blinkende Ding ein Schwert war — war der Menschenjunge etwa am Ende ein Ritter?

»Bitte!«, sagte der Junge. »Du kannst doch so schön fliegen, und ich nicht.« Das schmeichelte Dragomir natürlich, und so humpelte er zu dem bemoosten Felsen zurück und startete noch einmal von dort, diesmal, wie er fand, sehr elegant.

Ritter Rufus sah zu, wie das grüne Tier durch die Luft segelte, und grübelte. Konnte dieses Wesen etwa ein Drache sein? Zugegeben: Es hatte Schuppen, einen langen Schwanz und konnte fliegen. Aber andererseits war es so klein, ganz anders als das Ungeheuer in der Sonntagszeitung des Vaters. Es hatte so schön gesungen und jetzt brachte es auch noch das Schwert zurück. Nein: Drachen waren böse, hinterhältig und gemein. Und dieser kleine Grüne sah viel zu nett aus, um Prinzessinnen zu bedrohen oder Ritter anzugreifen.

Jetzt landete er gerade mit dem Schwert in den Krallen neben dem Felsen, wühlte in einer karierten Umhängetasche und hielt schließlich ein Päckchen hoch.

»Möchtest du ein Stück von meinem Marmeladenbrot?«, rief er.

Rufus nickte, obwohl er eigentlich noch einen ganz vollen Bauch hatte von den leckeren Ritter-Ravioli.

»Übrigens, ich heiße Rufus«, sagte Rufus.

»Und ich Dragomir«, sagte Dragomir.

Lene März

Es fährt ein Boot nach Schangrila

Es fährt ein Boot nach Schangrila,
seit vielen Jahren ist es da.
Von Pier 1 bis zu Pier 10,
Gäste kommen, Gäste gehen.

An Pier 1 geh'n schnell aufs Boot
10 Zebras, eins davon mag rot.

Gleich darauf an Pier 2
steigen 9 Giraffen bei.
An Pier 3 – nicht wenig später –
lauern 8 Geparden-Väter.

Ein Specht als blinder Passagier
versteckt sich heimlich an Pier 4,
derweilen 7 rote Krabben
einander an den Scheren packen,

kribbel-krabbelnd steigt man ein,
zwackt hier und da ein Zebra-Bein.

An Pier 5 rutscht man zusammen
für 6 große Riesenschlangen.

An Pier 6 wird's dem Specht
leider dann vom Seegang schlecht,
weshalb sich 5 Koalabären
gleich beim Kapitän beschweren.

Nicht wenig später an Pier 7
tun 4 Affen, was sie lieben:
klettern, schaukeln, raufen, zanken,
dabei kommt das Boot ins Schwanken.

Das währt kurz, denn an Pier 8
stoppt sofort der ganze Krach,
denn mit ernsten, dunklen Mienen
steigen zu 3 Honigbienen,
auf die sich 2 Tapire freu'n
geduldig wartend an Pier 9.

Das Murmeltier an Pier 10
muss ganz nah am Schiffsrand steh'n.

Vollbesetzt geht's rauf den Fluss,
keiner wollte geh'n zu Fuß.
Noch ein Pier, dann sind wir da,
mit dem Boot nach Schangrila.

Beate Dölling

Prahlgänschen

Lulu und Max sind die allerbesten Freunde. Heute darf Lulu nach dem Kindergarten mit zu Max nach Hause. Es ist das erste Mal und sie ist schon sehr gespannt, wie es wohl bei ihm aussieht.

Max sagt: »Meine Großeltern kommen heute zu Besuch. Sie bringen mir bestimmt wieder was Tolles mit. Ein Feuerwehrauto mit echter Leiter oder ein Trampolin, mit dem man bis zum Kirchturmhahn springen kann, oder eine Sternputzmaschine …«

»Eine Sternputzmaschine?«, fragt Lulu. »Glänzen bei euch etwa die Sterne nicht mehr? Wenn meine Großeltern mich besuchen, bringen sie mir immer tausend Schachteln Gänsesmarties mit. Damit kann ich locker den Weg von hier bis nach Hause pflastern. Ätsch-Bätsch!«

»Pöh«, sagt Max. »Gänsesmarties kriege ich noch dazu! Dafür habe ich viel mehr frisch geschlüpfte Küken-Geschwister. Die sind gelb, weich und flauschig. Wenn die sich alle auf mich drauflegen, ist es wie eine riesige Kuscheldecke.«

Lulu denkt kurz nach. »Dafür hat meine Mama das schönste Federkleid weit und breit. Es hängt ihr wie eine Schleppe bis auf den Boden. Tagsüber schimmert und glitzert es in der Sonne, und abends duftet es nach Mond. Und wenn sie baden war, hängen die Wassertropfen wie Perlen in ihrem Gefieder. Ätsch-Bätsch.«

»Meine Mutter sieht nicht nur wunderschön aus, sie hat auch eine zauberhafte Stimme.« Max plustert sich auf. »Wenn sie anfängt zu singen, weint der Himmel sogar echte Eiskugeln. Ätsch-Bätsch! – Schokolade, Erdbeere, Waldmeister … Ich muss dann nur noch den Schnabel aufhalten!«

Lulu schaut den Freund bewundernd an. »Dafür kann mein Vater am tiefsten tauchen. Viel tiefer als alle Fische der Welt! Und er kann ganz lange unter Wasser bleiben. Wenn er morgens abtaucht, kommt er erst abends wieder an die Wasseroberfläche. Ohne ein einziges Mal Luft zu holen! Ätsch-Bätsch!«

Max pfeift durch den Schnabel. »Aber das ist alles nichts gegen meinen Vater! Der kann nämlich einen kerzengeraden Schnabelstand. Und

weil er dafür immer üben muss, läuft er nur noch auf dem
Schnabel durch die Gegend. Ätsch-Bätsch!«

»Dafür«, sagt Lulu, »kann mein Bruder mit allen unseren
Gänseeiern und allen Gänseeiern aus der Nachbarschaft jong-
lieren, auch, wenn die Küken schon mit dem Kopf rausgucken.
Manchmal schafft er das sogar im Fliegen.«

»Der beste Flieger aller Zeiten ist aber mein Bruder«, sagt
Max. »Der ist stark und superfit. Der startet ohne Anlauf und
bevor du bis drei zählst, ist er schon über alle Schornsteine.
Außerdem kann er im Fliegen kackern.
Ätschi-Bätschi! Aber er kackert
nicht einfach ziellos in der
Gegend herum, son-
dern trifft jeden Fuchs
auf den Kopf. Und das
sogar mit verbundenen
Augen!«

»Wollen wir das auch mal probieren?«, fragt Lulu.

»Ja, aber nicht heute, wenn meine Oma und mein Opa kommen«, meint Max. »Da spielen wir lieber mit meinen Spielsachen. Ich habe auch noch einen Unterwasser-Roller, eine Schlammrutsche und einen Brummkreisel, auf dem man Karussell fahren kann …«

»Toll!«, sagt Lulu. »Wann sind wir denn endlich da?«

Max deutet nach vorne.

Endlich sind die beiden Prahlgänschen angekommen und Lulu meint mit einem zufriedenen Seufzer: »Sieht ja toll aus bei euch. Alles genauso wie bei uns!«

Ursula Wölfel

Die Geschichte vom Hasen mit den großen Ohren

Einmal hatte ein kleiner Hase ganz riesengroße Ohren. Die anderen Hasen haben ihn ausgelacht. Sie haben gesagt: »Du hast ja viel zu große Ohren! Das ist hässlich.« Und der kleine Hase war traurig. Er hat gesagt: »Ich wachse doch noch und vielleicht wachsen meine Ohren nicht mit. Dann sind sie nicht mehr zu groß.« Der kleine Hase ist auch wirklich noch gewachsen, aber seine Ohren sind immer mitgewachsen! Die anderen Hasen haben gesagt: »Du bist immer noch ein hässlicher Große-Ohren-Hase!« Und der Hase war noch trauriger, weil das Wachsen nicht geholfen hatte. Aber er konnte mit seinen großen Ohren viel besser hören als

die anderen Hasen. Er konnte
die Käfer trapsen hören,
er konnte die Regen-
würmer unten in der Erde
flüstern hören und er
konnte sogar eine Vogel-
feder fallen hören!
Einmal waren alle Hasen im
Kleefeld und der Jäger ist mit dem Hund gekommen. Der Jäger
war noch weit weg, aber der Hase mit den großen Ohren hat
ihn doch schon gehört. Er hat ganz schnell mit seinen großen
Ohren gewackelt, er hat sie wie ein Windrädchen immer um
und um gedreht. Das haben die anderen Hasen gesehen und alle
sind schnell in den Wald gesprungen. Der Jäger hat sie nicht
gefunden. Da haben die anderen Hasen zum Große-Ohren-
Hasen gesagt: »Wie gut, dass du so große Ohren hast! Sie
sehen eigentlich auch gar nicht hässlich aus.« Da war der Hase
mit den großen Ohren aber froh!

E.T.A. Hoffmann

Nussknacker und Mausekönig

Der Weihnachtsabend

Am vierundzwanzigsten Dezember durften die Kinder des Medizinalrats Stahlbaum den ganzen Tag über nicht ins Wohnzimmer hinein. In einem Winkel ihres Zimmers saßen Fritz und Marie. Die Abenddämmerung war hereingebrochen und Fritz verriet geheimnisvoll flüsternd seiner jüngeren Schwester, wie er es schon seit frühmorgens in dem verschlossenen Zimmer habe rauschen und rasseln und leise klopfen hören. Auch sei ein kleiner dunkler Mann mit einem großen Kasten unter dem Arm über den Flur geschlichen. Fritz wisse aber wohl, dass es niemand anders als Pate Drosselmeier gewesen sei.

Obergerichtsrat Drosselmeier war gar kein hübscher Mann. Nur klein und mager, mit vielen Runzeln im Gesicht, und auf dem rechten Auge hatte er ein Pflaster. Weil er kaum Haare hatte, trug er eine sehr schöne weiße Perücke – die war aber aus Glas und ein kunstvolles Stück Arbeit. Überhaupt war der Pate ein sehr geschickter Mann, der sich sogar auf Uhren verstand

34

und selbst welche machen konnte. Wenn eine von den schönen Uhren im Haus der Stahlbaums krank war, dann kam Pate Drosselmeier. Mit spitzen Instrumenten stach er in die Uhr hinein, sodass es der kleinen Marie ganz weh wurde. Doch der Pate verursachte der Uhr keinen Schaden, vielmehr brachte er sie wieder zum fröhlichen Schlagen und Singen und Schnurren. Und zu Weihnachten hatte er den Kindern stets ein schönes Geschenk gebastelt.

Nie war den Kindern so viel Schönes von den Eltern geschenkt worden wie dieses Mal. Eben wollten Fritz und Marie ihre neuen Bilderbücher anschauen, als nochmals geklingelt wurde. Sie wussten, dass nun der Pate Drosselmeier bescheren würde, und liefen herbei.

Was erblickten da die Kinder! Auf einem grünen, mit bunten Blumen geschmückten Rasenplatz stand ein herrliches Schloss mit vielen Fenstern und goldenen Türmen. Ein Glockenspiel erklang, Türen und Fenster öffneten sich und man sah, wie kleine zierliche Figuren in den Sälen herumspazierten. Und auch eine Miniatur von Pate Drosselmeier selbst, kaum höher als Papas Daumen, war darunter.

Nach einer Weile, als sich die Figuren auf immerfort dieselbe Weise hin und her bewegten, rief Fritz ungeduldig: »Pate Drosselmeier, geh doch mal in die andere Richtung!«

Verdrießlich erwiderte der Obergerichtsrat: »Ei, das geht nicht. Wie die Mechanik nun einmal gemacht ist, so muss sie bleiben.«

Der Schützling

Auf dem Weihnachtstisch, dicht am Baum, war noch ein Geschenk. Ein kleiner Mann, der still und bescheiden dastand, als warte er darauf, wann die Reihe an ihn kommen werde. Marie betrachtete den netten Mann, den sie auf den ersten Blick lieb gewonnen hatte, und sie bemerkte, welche Gutmütigkeit auf seinem Gesicht lag. Schließlich rief sie aus: »Ach, lieber Vater, wem gehört denn der allerliebste kleine Mann?«

»Der, liebes Kind«, antwortete der Vater, »soll für euch alle fein die harten Nüsse aufbeißen.«

Als sie vor Freude jauchzte, sprach der Vater: »Da dir, liebe Marie, Freund Nussknacker so sehr gefällt, sollst du ihn auch besonders hüten und schützen, wobei Fritz ihn genauso gebrauchen kann wie du!«

Fritz sprang hinzu und lachte von Herzen über den kleinen drolligen Mann. Er schob die größten und härtesten Nüsse in seinen Mund hinein, doch mit einem Mal ging es krack, krack, drei Zähnchen fielen ihm aus und sein Kinn war lose und wacklig.

Laut schrie Marie auf: »Ach, mein armer lieber Nusskna-

cker!«, und nahm ihn Fritz aus den Händen.
Weinend suchte sie Nussknackers verlorene
Zähnchen zusammen. Um das kranke Kinn
wickelte sie ein Band, das sie von ihrem Kleid
abgelöst hatte. Sorgsam verarztete sie
den armen Kleinen, der sehr blass und erschrocken aussah, mit ihrem Taschentuch.

Als nun Pate Drosselmeier so sehr lachte
und immerfort fragte, warum sie sich denn
um einen grundhässlichen kleinen Kerl so
sorgte, wurde Marie recht böse, wie es sonst gar nicht ihre Art
war. Ernst sagte sie: »Wer weiß, lieber Pate, ob du denn, wenn
du dich auch so herausputztest wie mein lieber Nussknacker,
ebenso hübsch aussehen würdest wie er!«

Wunderdinge

Im Wohnzimmer stand ein hoher Glasschrank, in welchem die
Kinder all die schönen Sachen, die ihnen jedes Jahr beschert
wurden, aufbewahrten. Die beiden untersten Fächer durften
Marie und Fritz füllen, wie sie wollten. Maries Puppen wohnten in der untersten Schublade und Fritz' Soldaten bezogen in
dem Fach darüber ihr Quartier.

Es war später Abend geworden, beinahe schon Mitternacht.
Pate Drosselmeier war längst fortgegangen. Sosehr die Mutter
auch mahnte, dass sie doch endlich zu Bett gehen sollte, Marie

konnte sich nicht vom Glasschrank trennen. »Lass mich nur noch ein Weilchen hier spielen, liebe Mutter!«

Sobald Marie alleine war, tat sie schnell, was ihr so sehr am Herzen lag. Behutsam legte sie den kranken Nussknacker auf den Tisch und sah nach seinen Wunden. »Ach, Nussknackerchen«, sprach sie leise, »nun will ich dich so lange pflegen, bis du wieder ganz gesund und fröhlich bist.« Marie nahm das Bett ihrer Puppe Klärchen hervor, legte leise und sanft Nussknackerchen hinein und deckte ihn zärtlich zu. Dann stellte sie das Bettchen samt dem Nussknacker in das obere Fach, sodass es dicht neben dem schönen Dorf zu stehen kam, wo Fritz' Soldaten ihr Quartier bezogen hatten.

Sie verschloss den Schrank und wollte ins Kinderzimmer, da fing es an, leise, leise zu wispern und zu flüstern und zu rascheln ringsherum. Hinter dem Ofen, hinter den Stühlen, hinter den Schränken. Die Wanduhr schnurrte lauter und lauter, aber sie konnte nicht schlagen. Und noch lauter schnurrte es mit vernehmlichen Worten: »Uhr, Uhre, Uhre, Uhren, müsst alle nur leise schnurren. Mausekönig hat ja wohl ein feines Ohr – purrpurr – pum pum, schlag an, Glöcklein, schlag an, bald ist es um ihn getan!«

Und pum pum schlug es ganz dumpf und heiser zwölf Mal!

Marie wurde ganz schaurig zumute und beinahe wäre sie entsetzt davongelaufen, als sie Pate Drosselmeier erblickte, der plötzlich auf der Wanduhr saß. Ein tolles Kichern und Gepfeife ertönte und bald trappelten tausend kleine Füßchen und tausend kleine Lichterchen blitzten aus den Ritzen der Dielen. Aber nein, es waren kleine funkelnde Augen und Marie erkannte, dass überall Mäuse hervorguckten und sich herausarbeiteten. Mit einem Mal begann es so entsetzlich und schneidend zu pfeifen, dass es Marie eiskalt über den Rücken lief! Dicht vor ihren Füßen sprühte es, wie von unterirdischer Gewalt getrieben, Sand und Kalk und zerbröckelte Mauersteine hervor und sieben Mäuseköpfe mit sieben hell funkelnden Kronen erhoben sich aus dem Boden. Bald arbeitete sich auch der Mäusekörper, an dessen Hals die sieben Köpfe angewachsen waren, vollends heraus und der großen Maus jubelte das ganze Heer entgegen, das sich nun auf einmal in Bewegung setzte, geradewegs auf den Schrank – geradewegs auf Marie zu, die noch dicht an der Glastür des Schrankes stand.

Vor Angst und Grauen ganz benommen wankte sie zurück, da ging es klirr – klirr – prr, und die Glasscheibe des Schrankes zersprang in Scherben. In diesem Augenblick spürte Marie einen stechenden Schmerz am linken Arm, aber es war ihr auch plötzlich viel leichter ums Herz. Sie hörte kein Quieken und Pfeifen mehr, es war ganz still geworden.

Aber was war denn das? Dicht hinter Marie rumorte es im Schrank auf seltsame Weise und ganz feine Stimmchen summten: »Aufgewacht – aufgewacht – woll'n zur Schlacht!« Aus dem Schrank erstrahlte ein sonderbares Leuchten. Mehrere Puppen liefen durcheinander und fuchtelten mit ihren kleinen Armen herum. Mit einem Mal erhob sich Nussknacker, warf die Decke weit von sich und sprang mit beiden Füßen zugleich aus dem Bett. Laut rief er: »Knack – knack – knack – dummes Mause-pack, dummer toller Schnack. – Ihr, meine lieben Gefährten, Freunde und Brüder, wollt ihr mir beistehen im Kampf?« Dann wagte er den gefährlichen Sprung vom oberen Fach herab.

Die Schlacht

Nussknacker schrie: »Schlag den Generalmarsch, getreuer Trommler!« Und sogleich fing der Trommler an zu wirbeln. Nun krackte und klapperte es drinnen und Marie sah, dass sich die Deckel sämtlicher Schachteln, in welchen Fritz' Armee ein-quartiert war, öffneten und die Soldaten heraussprangen, um sich zu sammeln.

Nussknacker lief hin und her, ermunterte seine Truppen und Fritz' Reiter rückten aus und formierten sich auf dem Fußbo-

den. Nun marschierte Regiment auf Regiment am Nussknacker vorüber und stellte sich in breiter Reihe auf. Die Mäuse kamen aber dennoch immer näher, überrannten sogar einige Kanonen, aber vor Rauch und Staub konnte Marie kaum sehen, was nun geschah. Doch so viel war gewiss, jede Truppe kämpfte erbittert und der Sieg war lange ungewiss. Prr – prr – puff, piff – schnetterdeng – bum, burum – ging es wild durcheinander. Mausekönig und Mäuse quiekten und schrien. Dann plötzlich war Nussknacker, vom Feinde dicht umringt, in höchster Not. Zwei Mäuse packten ihn am hölzernen Mantel und mit quiekendem Triumphgeheul sprengte Mausekönig heran.

Schluchzend rief Marie: »O mein armer Nussknacker!«, griff – ohne recht zu wissen, was sie tat – nach ihrem linken Schuh und schleuderte ihn voller Wut auf den Mausekönig. In diesem Augenblick verschwand die Mäuseschar, aber Marie verspürte am linken Arm einen noch stechenderen Schmerz als vorher und sank ohnmächtig nieder.

Die Krankheit

Als Marie erwachte, lag sie in ihrem Bettchen und die Sonne schien hell und funkelnd durchs Fenster. Neben ihr saß der Doktor Wendelstern. Die Mutter sah sie mit ängstlich forschenden Blicken an. Marie sprach: »Ach, liebe Mutter, sind denn nun die garstigen Mäuse alle fort und ist der gute Nussknacker gerettet?«

Die Mutter erwiderte: »Sprich nicht so albernes Zeug, Marie. Mag sein, dass ein Mäuschen dich erschreckt hat. Du hast dich an der Glasscheibe des Schrankes verletzt. Wir fanden dich ohnmächtig auf dem Boden, um dich herum lagen Fritzens Bleisoldaten und deine Puppen. Den Nussknacker hieltest du im Arm und nicht weit von dir lag dein linker Schuh.«

Marie fiel ein: »Das waren ja noch die Spuren von der großen Schlacht zwischen den Puppen und den Mäusen.«

Doktor Wendelstern blinzelte der Mutter zu und diese sprach sehr sanft: »Schon gut, mein liebes Kind! Beruhige dich, die Mäuse sind alle fort und Nussknackerchen steht gesund und munter im Glasschrank.«

Nun trat der Vater ins Zimmer und sprach lange mit dem Doktor. Marie hörte, dass von einem Wundfieber die Rede war und sie einige Tage im Bett bleiben musste.

Es dämmerte bereits, da ging die Tür auf und Pate Drosselmeier trat mit den Worten ein: »Nun muss ich aber wirklich einmal selbst sehen, wie es um meine kranke Marie steht.«

Als Marie den Paten erblickte, rief sie ihm entgegen: »O Pate Drosselmeier, du bist gemein gewesen. Ich habe gesehen, wie du auf der Uhr saßest, dass sie nicht laut schlagen konnte, weil sonst die Mäuse verscheucht worden wären. Ich habe gehört, wie du den Mausekönig riefst! Warum kamst du uns nicht zu Hilfe?«

Aber der Pate Drosselmeier schnitt nur seltsame Grimassen und sprach mit schnarrender, eintöniger Stimme: »Perpendikel musste schnurren – picken – wollte sich nicht schicken – Uhren – Uhren – Uhrenperpendikel müssen schnurren –«, wobei er mit den Armen hin und her schlug wie eine Marionette.

Die Mutter sagte sehr ernst: »Lieber Herr Obergerichtsrat, das ist ja ein recht seltsamer Spaß!«

»Erkennen Sie denn nicht mein Uhrmacherliedchen?«, erwiderte Drosselmeier lachend. »Das singe ich stets bei Patienten wie Marie.« Er setzte sich an Maries Bett und sprach: »Verzeih, dass ich dem Mausekönig nicht alle vierzehn Augen ausgehackt habe, doch es konnte nicht sein. Ich will dir aber trotzdem eine Freude machen.« Der Obergerichtsrat zog den Nussknacker hervor, dem er geschickt die verlorenen Zähnchen wieder eingesetzt und das Kinn eingerenkt hatte. Dann fuhr er fort: »Du musst aber doch zugeben, dass Nussknacker nicht eben schön zu nennen ist. Lass mich erzählen, wie so viel Hässlichkeit entstanden ist. Kennst du die Geschichte von Prinzessin Pirlipat, der Hexe Mauserinks und dem kunstvollen Uhrmacher?

Das Märchen von der harten Nuss

Pirlipats Mutter war die Frau eines Königs und Pirlipat selbst eine geborene Prinzessin. Der König war außer sich vor Freude

43

über das schöne Töchterchen. Alles war vergnügt, nur die Königin war ängstlich und unruhig und ließ Pirlipats Wiege sorgsam bewachen. Vor den Türen standen Leibwächter und sechs Wärterinnen saßen Nacht für Nacht an Pirlipats Wiege. Jede dieser Wärterinnen hatte einen Kater auf den Schoß zu nehmen und ihn die ganze Nacht zu streicheln, sodass er immerzu schnurren musste.

Es begab sich, dass am Hof von Pirlipats Vater viele vortreffliche Könige und Prinzen versammelt waren. Der König ordnete daher einen großen Wurstschmaus an. In der Küche wurde Feuer gemacht, die Königin band ihre Küchenschürze um und bald dampfte aus dem Kessel der süße Duft von Wurstsuppe. Eben wollte die Königin den Speck anbraten, da hörte sie ein feines, wisperndes Stimmchen: ›Von dem Brätlein gib mir auch, Schwester! Will auch schmausen, bin ja auch Königin!‹ Die Königin wusste wohl, dass es Frau Mauserinks war. Frau Mauserinks wohnte schon viele Jahre in des Königs Palast. Sie behauptete, mit der königlichen Familie verwandt und selbst Königin im Reich Mausolien zu sein. Deshalb hatte sie auch große Macht unter den Mäusen.

Die Königin war eine gute, mildtätige Frau und rief: ›Kommt nur hervor! Ihr könnt gern von meinem Speck genießen.‹ Da kam Frau Mauserinks hervorgehüpft und ergriff mit den zierlichen kleinen Pfötchen ein Stück Speck nach dem andern. Doch plötzlich kamen alle Onkel und Tanten der Frau Mauserinks herbeigesprungen und auch ihre sieben Söhne machten sich über den Speck her. Zum Glück kam die Küchenmagd dazu und verjagte die zudringlichen Gäste, sodass noch ein kleiner Rest Speck übrig blieb. Pauken und Trompeten erschallten und alle anwesenden Könige und Prinzen kamen zum Wurstschmaus. Der König aber, als er die Würste kostete, klagte und stöhnte. Ganz leise sprach er: ›Zu wenig Speck.‹ Und er beschloss, Rache zu nehmen. Er übertrug die Aufgabe dem Hofuhrmacher und Geheimwissenschaftler Christian Elias Drosselmeier, der ebenso hieß wie ich, und der versprach, Frau Mauserinks samt ihrer Familie für immer aus dem Palast zu vertreiben. Er erfand kleine Maschinen, in die an einem Fädchen gebratener Speck gelegt wurde. Diese Mausefallen stellte Drosselmeier rings um die Wohnung der Speckfresserin auf. Frau Mauserinks selbst war viel zu schlau, um Drosselmeiers List nicht zu erkennen. Doch ihre sieben Söhne und viele, viele Onkel und Tanten gingen in Drosselmeiers Fallen und wurden gefangen, als sie vom Speck naschen wollten. Frau Mauserinks verließ das Schloss. Der Hof jubelte sehr, aber die Königin war besorgt, weil sie wusste, dass Frau Mauserinks den Tod ihrer Söhne und Verwandten nicht ungerächt lassen würde.«

Am nächsten Abend fuhr Pate Drosselmeier fort: »Es war schon Mitternacht, als eine der Wärterinnen an der Wiege eine große, hässliche Maus erblickte, die auf den Hinterbeinen

45

stand und ihren widerlichen Kopf auf das Gesicht der Prinzessin gelegt hatte. Mit einem Schrei sprang die Wärterin auf, doch Frau Mauserinks war längst durch eine Ritze im Fußboden verschwunden. Groß war der Schrecken, als die Wärterinnen sahen, was aus dem schönen, zarten Kind geworden war. Statt des goldgelockten Engelsköpfchens saß nun ein unförmiger dicker Kopf auf einem winzig kleinen zusammengekrümmten Körper.

Der König schob alle Schuld auf den Hofuhrmacher und Geheimwissenschaftler Christian Elias Drosselmeier. Der sollte binnen vier Wochen die Prinzessin zurückverwandeln oder ein sicheres Mittel finden, wie dies zu bewerkstelligen sei. Andernfalls müsse er sterben. Drosselmeier versank an Pirlipats Wiege in Schwermut, das Prinzesschen aber knackte vergnügt Nüsse. Zum ersten Mal fielen ihm da Pirlipats ungewöhnlicher Appetit auf Nüsse und der Umstand auf, dass sie mit Zähnchen zur Welt gekommen war. Er bat um die Erlaubnis, mit seinem lieben Freund, dem Hofastronomen, sprechen zu dürfen.

Beide Herren berieten sich. Schließlich fanden sie heraus, dass die Prinzessin nichts weiter zu tun hätte, als vom süßen Kern der Nuss Krakatuk zu naschen. Diese harte Nuss musste aber von einem Mann, der noch nie rasiert worden war und niemals Stiefel getragen hatte, für die Prinzessin aufgebissen und mit geschlossenen Augen überreicht werden. Erst nachdem er sieben Schritte rückwärts gegangen war, ohne zu stolpern, durfte der junge Mann wieder die Augen öffnen. Der König befahl, dass Uhrmacher und Astronom sich auf den Weg machen sollten, um nach der Nuss Krakatuk zu suchen.

Nachdem Drosselmeier und der Hofastronom fünfzehn Jahre lang erfolglos nach der Nuss gesucht hatten, überkam Drosselmeier große Sehnsucht nach seiner Heimatstadt Nürnberg.

Kaum waren sie dort angekommen, besuchte Drosselmeier gleich seinen Vetter Zacharias Drosselmeier. Als er ihm die ganze Geschichte erzählt hatte, rief Christoph Zacharias: ›Ihr seid gerettet! Denn ich besitze die Nuss Krakatuk.‹ Aus einer Schachtel zog er eine vergoldete Nuss hervor, in deren Schale das Wort Krakatuk mit chinesischen Schriftzeichen eingegraben stand.

Da sprach der Astronom: ›Bester Herr Kollege, nicht nur die Nuss Krakatuk, sondern auch den jungen Mann, der sie aufbeißt, haben wir gefunden! Ich meine niemand anderen als den Sohn Eures Vetters!‹ Der war ein netter, hübscher Junge, der noch nie rasiert worden war und niemals Stiefel getragen hatte. An den Weihnachtstagen knackte er den Mädchen stets die Nüsse auf, weshalb sie ihn auch Nussknackerchen nannten.

Als Drosselmeier und der Astronom mit dem Jungen und der Nuss zum Schloss des Königs kamen, hatten sich dort schon viele Leute eingefunden. Zahlreiche Prinzen versuchten sich an der Entzauberung der Prinzessin. Einer nach dem anderen biss sich an der Nuss Krakatuk Zähne und Kinnbacken wund. Dem

König war angst und bange und so versprach er demjenigen, dem es gelänge, seine Tochter zu erlösen, sein Reich und die Hand von Prinzessin Pirlipat. Der junge Drosselmeier zerbiss die Schale der Nuss Krakatuk ohne Mühe. Den Kern überreichte er der Prinzessin, dann schloss er die Augen und begann rückwärts zu gehen. Die Prinzessin schluckte den Kern und – o Wunder! – verschwunden war ihre Missgestalt. Eben streckte der junge Drosselmeier seinen rechten Fuß zum siebten Schritt aus, da erhob sich, hässlich piepend und quiekend, Frau Mauserinks aus dem Fußboden. Der Junge stolperte, beinahe wäre er gefallen. Und – o Missgeschick! Urplötzlich war der Jüngling ebenso hässlich, wie es vorher Pirlipat gewesen war. Uhrmacher und Astronom waren außer sich vor Entsetzen. Frau Mauserinks aber quiekte: ›Fein Nussknackerlein, wirst auch bald des Todes sein. Söhnlein mit den sieben Kronen wird's dem Nussknacker lohnen, wird die Mutter rächen fein!‹

Die Prinzessin erinnerte den König an sein Versprechen, doch als sie den jungen Helden in seiner Missgestalt sah, hielt Pirlipat beide Hände vors Gesicht und schrie: ›Fort mit dem abscheulichen Nussknacker!‹ Der König war voller Wut, dass man ihm einen Nussknacker als Schwiegersohn aufdrängen wollte. Er schob alles auf das Ungeschick des Uhrmachers und des Astronomen und verwies beide für immer vom Hof.

Der Astronom ließ sich nicht abhalten, ein Horoskop zu erstellen, und in den Sternen las er, dass der junge Drosselmeier Prinz und König werden würde. Seine Missgestalt konnte aber nur dann verschwinden, wenn er den Mausekönig, den Frau Mauserinks nach dem Tod ihrer sieben anderen Söhne mit sieben Köpfen geboren hatte, besiegte und ein Mädchen fand, das ihn trotz seiner Hässlichkeit lieb gewinnen werde.

Das ist das Märchen von der harten Nuss, und nun ist auch klar, warum die Leute so oft sagen: ›Das war eine harte Nuss!‹«

Onkel und Neffe

Marie hatte beinah eine ganze Woche im Bett zubringen müssen. Endlich aber wurde sie gesund und konnte wieder umherspringen. Vor allem aber konnte sie mit dem Nussknacker spielen. Als sie ihn nun anblickte, da wurde ihr plötzlich ganz eng ums Herz. Denn nun wusste sie, dass ihr Nussknacker kein anderer sein konnte als der junge Drosselmeier aus Nürnberg. Die Prophezeiung des Hofastronomen war eingetroffen und der junge Drosselmeier König des Puppenreichs geworden. Laut sagte sie zu ihm: »Wenn Sie auch nicht imstande sind, sich zu bewegen oder mit mir zu sprechen, lieber Herr Drosselmeier, so weiß ich doch, dass Sie mich verstehen und wissen, wie gut ich es mit Ihnen meine.«

Die Dämmerung war hereingebrochen, und bald saßen die ganze Familie und Pate Drosselmeier plaudernd beisammen.

Marie hatte ganz still ihr kleines Stühlchen herbeigeholt und sich zu ihrem Paten gesetzt. Als gerade einmal alle schwiegen, sah Marie mit ihren großen Augen dem Obergerichtsrat starr ins Gesicht und sprach: »Ich weiß jetzt, lieber Pate Drosselmeier, dass mein Nussknacker dein Neffe, der junge Drosselmeier aus Nürnberg, ist. Warum hilfst du ihm denn nicht?«

Lächelnd nahm der Pate Marie auf den Schoß und sprach sanfter als je zuvor: »Ei, liebe Marie, du bist ja viel klüger als wir alle und eine wirkliche Prinzessin. Aber viel hast du zu leiden, wenn du dich des armen Nussknackers annehmen willst, da ihm der Mausekönig stets auf den Fersen ist. Doch nicht ich – du, nur du allein kannst ihn retten. Sei tapfer, mutig und treu.«

Der Sieg

In einer mondhellen Nacht wurde Marie durch ein seltsames Poltern geweckt, das aus einer Ecke des Zimmers zu kommen schien. Sie konnte sich nicht rühren, als sie sah, wie der Mausekönig sich mit funkelnden Augen und Kronen durch ein Loch in der Mauer hervorarbeitete und auf den kleinen Tisch, der neben Maries Bett stand, sprang. »Musst mir deine Zuckererbsen – dein Marzipan geben, klein Ding – sonst zerbeiß ich deinen Nussknacker – deinen Nussknacker!« So pfiff Mausekönig, knapperte und knirschte dabei hässlich mit den Zähnen. Dann sprang er wieder fort durch das Mauerloch.

Marie war so verängstigt, dass sie am anderen Morgen ganz

blass aussah. Sie wusste aber, dass sie, um den Nussknacker zu retten, ihre Zuckererbsen und das Marzipan hergeben müsse. Also legte sie alles, was sie besaß, am Abend vor den Schrank. Am nächsten Morgen sagte die Mutter: »Ich weiß nicht, woher die Mäuse mit einem Mal kommen. Sieh nur, Marie! Sie haben all deine Süßigkeiten aufgefressen.« Marie aber freute sich sehr, da sie ihren Nussknacker gerettet glaubte.

Doch in der folgenden Nacht piepte und quiekte es in Maries Ohr: »Gib heraus, gib heraus deine Bilderbücher, dein Kleidchen dazu, sonst hast keine Ruh!«

Kaum befand sich Marie am Morgen allein im Wohnzimmer, als sie vor den Glasschrank trat und schluchzend sprach: »Ach mein lieber, guter Herr Drosselmeier, was kann ich nur tun? Wird der Mausekönig denn nicht noch immer mehr verlangen, sodass er zuletzt gar mich selbst statt Euch zerbeißen wollen wird?« Behutsam nahm sie Nussknacker aus dem Fach.

Der begann sich plötzlich zu regen und mühsam sagte er: »Ach, liebe Marie, ich verdanke dir so viel. Nein, kein Kleidchen sollst du für mich opfern. Beschaff mir nur ein Schwert, mag er —« Dem Nussknacker ging die Sprache aus und seine wehmütigen Augen wurden wieder starr und leblos.

Marie beschloss, Fritz zurate zu ziehen. Der sagte: »Was den Säbel betrifft, so kann ich dem Nussknacker helfen.«

Vor lauter Angst konnte Marie nicht einschlafen. Um Mitternacht war ihr, als höre sie im Wohnzimmer ein seltsames

Rumoren, Klirren und Rauschen. Mit einem Mal ging es: »Quiek!« Marie rief: »Der Mausekönig!«, und sprang voll Entsetzen aus dem Bett. Alles blieb still, aber bald klopfte es leise, leise an die Tür und ein feines Stimmchen ließ sich vernehmen: »Liebe Marie, ich bringe gute Nachricht!« Marie erkannte die Stimme des jungen Drosselmeier und öffnete flugs die Tür.

Nussknackerlein stand draußen. Sowie er Marie erblickte, ließ er sich auf ein Knie nieder und sprach: »Du allein warst es, die mich mit Mut stählte. Der Mausekönig ist besiegt!« Damit überreichte er Marie die sieben goldenen Kronen des Mausekönigs. Nussknacker stand auf und fuhr fort: »Ach, meine allerbeste Marie, was könnte ich dir in diesem Augenblick, da ich meinen Feind überwunden, für herrliche Dinge zeigen. Wenn du nur bereit bist, mir zu folgen!«

Das Puppenreich

Marie folgte dem Nussknacker, bis er vor dem alten, mächtigen Kleiderschrank auf dem Hausflur stehen blieb. Dessen Türen standen offen, sodass Marie den Mantel ihres Vaters erblickte. Nussknacker kletterte geschickt an den Nähten hinauf und griff nach einer großen Troddel, die auf dem Rücken hing.

Sowie er daran zog, ließ sich eine zierliche Treppe durch den Ärmel herab. Nussknacker rief: »Mir nach, liebe Marie!«

Marie folgte ihm, aber kaum war sie durch den Ärmel gestiegen, kaum sah sie zum Kragen heraus, strahlte ihr ein blendendes Licht entgegen. Ganz selig und entzückt rief Marie: »Ach, wie schön ist es hier!«

In einiger Entfernung lag ein nettes Dörfchen. Nussknacker sagte: »Das ist Pfefferkuchen-heim, welches am Honigstrome liegt. Aber, liebe Marie, lass uns zur Hauptstadt gehen.«

Die Hauptstadt

Voller Bewunderung stand Marie mit einem Mal vor einem in rosenrotem Schimmer leuchtenden Schloss mit hundert lufti-gen Türmen. Nussknacker sprach: »Nun sind wir vor dem Mar-zipanschloss.« In diesem Augenblick ließ sich eine angenehme Musik hören, die Tore des Schlosses öffneten sich und zwölf kleine Pagen traten heraus. Ihnen folgten vier Damen, so über die Maßen herrlich herausgeputzt, dass Marie sie sogleich als Prinzessinnen erkannte. Sie umarmten den Nussknacker zärt-lich und riefen dabei: »Mein bester Prinz! – O mein Bruder!«

Nussknacker nahm Marie bei der Hand und sprach: »Dies ist die tapfere Marie Stahlbaum, die Retterin meines Lebens!« Die Prinzessinnen umarmten Marie und führten sie in einen Saal, dessen Wände aus lauter Kristallen bestanden. Die Prinzessin-nen sagten, dass sie sogleich ein Mahl bereiten wollten.

Während Marie den Schwestern bei der Zubereitung half, erzählte der Nussknacker von dem grausigen Kampf gegen den Mausekönig und seine Gefolgschaft.

Marie war es plötzlich, als klängen seine Worte immer ferner und undeutlicher, bald sah sie alles wie durch Nebel. Ein seltsames Singen und Schwirren und Summen ließ sich vernehmen, trug Marie fort wie steigende Wellen. Immer höher und höher – höher und höher – höher und höher –

Schluss

Prr – puff ging es! – Marie fiel herab. Das war ein Ruck! Sogleich schlug sie die Augen auf. Es war heller Tag, sie lag in ihrem Bett und die Mutter stand vor ihr und sprach: »Wie kann man denn nur so lange schlafen!« Marie war noch ganz betäubt von all den Wunderdingen, die sie gesehen hatte. Nun erzählte sie alles genau und die Mutter sah sie erstaunt an. Als Marie geendet hatte, sagte sie: »Du hast einen langen, sehr schönen Traum gehabt, liebe Marie.«

Marie bestand jedoch darauf, dass sie nicht geträumt, sondern alles wirklich erlebt habe. Da führte die Mutter sie an den Glasschrank, nahm den Nussknacker heraus und sprach: »Wie kannst du nur glauben, dass diese Holzpuppe lebendig ist?«

Marie fiel ein: »Aber ich weiß genau, dass der Nussknacker der junge Herr Drosselmeier aus Nürnberg ist.« Nun brachen beide, der Vater und die Mutter, in schallendes Gelächter aus.

Da lief Marie ins andere Zimmer, holte schnell aus ihrem kleinen Kästchen die sieben Kronen des Mausekönigs herbei und überreichte sie der Mutter mit den Worten: »Da sieh nur, das sind die sieben Kronen des Mausekönigs, die mir der junge Herr Drosselmeier zum Zeichen seines Sieges überreicht hat.«

Voll Erstaunen betrachteten Vater und Mutter die kleinen Krönchen. Doch dann drängten sie Marie ernst, zu gestehen, woher sie die Krönchen habe. Marie konnte ja aber nur bei dem, was sie gesagt hatte, bleiben, und als sie nun der Vater gar eine kleine Lügnerin schimpfte, da fing sie an, heftig zu weinen.

In diesem Augenblick ging die Tür auf. Pate Drosselmeier trat ein und rief: »Warum weinst du, Marie?« Der Medizinalrat berichtete, was geschehen war, und zeigte ihm die Krönchen. Kaum hatte der Pate aber diese gesehen, lachte er und rief: »Das sind ja die Krönchen, die ich vor Jahren an meiner Uhr-kette trug und die ich der kleinen Marie, als sie zwei Jahre alt geworden, schenkte. Wisst ihr's denn nicht mehr?«

Weder der Vater noch die Mutter konnten sich daran erinnern, als aber Marie sah, dass die Gesichter der Eltern wieder freund-lich geworden waren, rief sie: »Ach, du weißt ja alles, Pate Dros-selmeier. Sag du es doch, dass mein Nussknacker dein Neffe ist und dass er mir die Krönchen geschenkt hat!«

Der Pate machte aber ein finsteres Gesicht und murmelte: »Dummes Gerede.«

Darauf nahm der Vater die kleine Marie an der Hand und sprach sehr ernst: »Hör jetzt endlich auf, Marie, sonst werf ich den Nussknacker und all deine Puppen zum Fenster hinaus.«

Es begab sich, dass Pate Drosselmeier einmal eine Uhr im Haus des Medizinalrats reparierte. Marie saß am Glasschrank und schaute den Nussknacker an. Da entfuhr ihr unwillkürlich: »Ach, lieber Herr Drosselmeier, wenn Sie doch nur wirklich lebten, ich würd's bestimmt nicht so machen wie Prinzessin Pirlipat und Sie verschmähen, wenn Sie um meinetwillen aufgehört hätten, ein hübscher Junge zu sein!«

In dem Augenblick geschah ein solcher Knall und Ruck, dass Marie ohnmächtig vom Stuhl sank. Als sie wieder erwachte, sprach die Mutter: »Aber wie kannst du nur vom Stuhl fallen, ein so großes Mädchen! Hier ist der Neffe des Herrn Obergerichtsrats aus Nürnberg, sei schön artig!«

Marie blickte auf. Der Pate lächelte zufrieden und an seiner Hand hielt er einen wohlgewachsenen Jungen. Welch angenehme Art dieser besaß, bewies er gleich dadurch, dass er für Marie eine Menge herrlicher Spielsachen dabeihatte, köstliches Marzipan und dieselben Figuren, welche der Mausekönig zerbissen hatte. Und für Fritz hatte er einen wunderschönen Säbel mitgebracht. Bei Tisch knackte der Junge für die ganze Gesellschaft Nüsse und auch die härtesten widerstanden nicht seinen Zähnen! Marie war glutrot geworden, als sie ihn erblickte, und noch

röter wurde sie, als der junge Drosselmeier sie nach dem Essen bat, mit ihm in das Wohnzimmer an den Glasschrank zu gehen.

Der Obergerichtsrat rief: »Spielt nur schön miteinander, ihr Kinder, ich habe nun, da alle meine Uhren richtig gehen, nichts dagegen.«

Kaum war aber der junge Drosselmeier mit Marie allein, als er sich auf ein Knie niederließ und sprach: »O meine allerliebste Marie, du hast mich gerettet. Du sagtest laut, dass du mich nicht verschmähen würdest, wenn ich um deinetwillen hässlich geworden wäre! Sogleich war ich nicht länger ein Nussknacker und erhielt meine frühere Gestalt wieder. O liebe Marie, willst du mit mir Reich und Krone teilen und mit auf mein Marzipanschloss kommen, denn dort bin ich jetzt König?«

Marie sprach leise: »Lieber Drosselmeier! Du bist ein sanftmütiger, guter Mensch und noch dazu regierst du ein wunderbares Reich. Ja, ich will dich zum Mann nehmen.«

So wurde Marie Drosselmeiers Braut. Nach Jahresfrist hat er sie auf einem goldenen, von silbernen Pferden gezogenen Wagen abgeholt. Auf der Hochzeit tanzten zweiundzwanzigtausend der glänzendsten, mit Perlen und Diamanten geschmückten Figuren und Marie soll noch zur Stunde Königin eines Landes sein, in dem man überall funkelnde Weihnachtswälder, durchsichtige Marzipanschlösser, kurz, die allerherrlichsten, wunderbarsten Dinge erblicken kann, wenn man nur Augen dafür hat.

Jeanette Randerath

Du bist ein echtes Wundertier

Der Seehund und das Deichschaf strolchten am Strand entlang, als das Meer ein Stück Treibholz anspülte. Darauf lag ein
kleiner Vogel mit herunterhängenden Flügeln. »Oh, guck mal«,
sagte der Seehund und hob das Holzstück auf. »Der kleine Vogel ist ertrunken.«

Der Kleine plinkerte kurz mit einem Auge.

»Hast du gesehen?«, wisperte das Deichschaf aufgeregt. »Er
lebt!«

»Es ist eine Trottellumme«, stellte der Einsiedlerkrebs fest,
als er den kleinen Vogel untersuchte. »Zum Glück hat sie sich
nichts gebrochen. Sie ist nur total erschöpft. Erst mal muss sie
sich richtig ausschlafen und dann was Ordentliches zu fressen
bekommen.«

»Bin schon unterwegs, haha«, rief die Lachmöwe, die den
letzten Satz aufgeschnappt hatte, und schwang sich in die
Lüfte.

Alle hatten die kleine Trottellumme sehr lieb. Sie durfte auf dem Bauch des Seehunds schlafen. Die Möwe fütterte sie. Das Deichschaf sang ihr was vor und der Krebs passte auf sie auf.

Langsam erholte sich die kleine Trottellumme. Später, verabredeten die anderen Tiere, sollte ihr jeder das beibringen, was er am besten konnte.

»Ich könnte ihr zeigen, wie man heult«, schlug der Seehund vor, als die kleine Trottellumme wieder gesund war. Die anderen waren einverstanden. So schön heulen, dass es einem durch Mark und Bein ging, das konnte nur der Seehund.

Der Seehund setzte sich vor die kleine Trottellumme. »Guck genau zu«, sagte er. »Du hältst den Kopf hoch und machst ›huuuhuuuu‹. Siehst du? Jetzt bist du dran.«

Die kleine Trottellumme schaute den Seehund freundlich an, machte aber keinen Mucks.

Der Seehund übte den ganzen Morgen mit ihr. Am Ende war er heiser und hatte sich auch noch verschluckt. Die kleine Trottellumme musste so lachen, dass auch der Seehund aufhörte zu heulen. »Wir üben weiter, hicks, wenn mal wirklich was Trauriges passiert«, sagte der Seehund. Er nahm die kleine Trottellumme auf den Rücken, sprang mit einem Riesenplatscher ins Wasser und tauchte mit ihr zur Sandbank.

Während er auf der Sandbank schlief, sprang die kleine Trottellumme ins Wasser und tauchte zu den Muscheln hinunter. Dabei schlug sie einen Purzelbaum. Sie konnte tauchen.

»Ich könnte der kleinen Trottellumme das Schreiben beibringen«, sagte der Krebs am nächsten Morgen. Die anderen waren einverstanden. So schön schreiben, dass man seinen Augen kaum traute, das konnte nur der Einsiedlerkrebs.

»Die kleine Trottellumme lernt schreiben«, schrieb der Krebs mit seiner schönsten Schrift.

Die kleine Trottellumme patschte über die Schrift und stolperte über ihre Füße.

»Nicht picken, schreiben«, erklärte der Einsiedlerkrebs.

»Picken«, sagte die kleine Trottellumme so leise, dass der Krebs es nicht hören konnte.

Am Abend war der Einsiedlerkrebs ein bisschen enttäuscht. »Ich glaube, sie hat eine Schönschreibschwäche«, sagte er.

»Schönschreibschwäche«, sagte die kleine Trottellumme laut, als die anderen eingeschlafen waren. Das war ein besonders schwieriges Wort. Zufrieden gähnte sie. Sie konnte sprechen.

»Ich könnte ihr beibringen, wie man den Krebs ärgert«, schlug die Lachmöwe vor. »Das kann ich am besten und es macht Spaß.«

Der Krebs wurde rot vor Ärger und der Seehund und das Deichschaf schimpften mit der Möwe. »Wenn du ihr nichts Wichtiges beibringst, dann kannst du gleich abrauschen.«

»Na gut«, sagte die Möwe. »Ich bring ihr bei, wie man etwas aufschnappt.«

»Einverstanden«, sagten die anderen Tiere.

Eine ganze Stunde lang warf die Lachmöwe der kleinen Trottellumme Steinchen und Holzstücke zu. Die Möwe gab sich wirklich Mühe. Doch statt sie aufzufangen, flatterte die kleine Trottellumme immer hoch, um nicht getroffen zu werden.

»Lass uns eine Pause machen«, schlug die Lachmöwe vor. Während sie ein Nickerchen im Sand machte, flog die kleine

Trottellumme auf einen Aussichtspfahl im Meer. Dort breitete sie ihre Flügel aus und ließ den Meerwind darin sausen. Sie konnte fliegen.

»Ich könnte ihr beibringen, wie man rechnet«, schlug das Deichschaf vor. Die anderen Tiere waren einverstanden. Keiner war so schlau wie das Deichschaf.

Das Deichschaf rechnete der kleinen Trottellumme mit Muscheln vor, wie viel 1 plus 1 und 2 mal 3 ist. Es zählte die heranfliegenden Vögel zusammen und zog die wegfliegenden wieder ab, zeigte aufs Meer und zählte die Schiffe.

Auf dem Rückweg durch die Dünen fragte es: »Wie viele Streifen hat der Leuchtturm?«

Die Trottellumme stolperte über ihre kleinen Füße und guckte das Deichschaf erwartungsvoll an.

»Du hast es immer noch nicht kapiert«, sagte das Deichschaf. »Du bist wohl noch zu klein.«

Das Deichschaf war so erschöpft vom Rechnen, dass es im Stehen einschlief.

Die kleine Trottellumme baute mit Muscheln einen Leuchtturm. »Das sieht schön aus!«, sagte sie, als sie fertig war. Doch bevor das Deichschaf aufwachte, hatte die Flut das Bild wieder weggespült.

In der folgenden Nacht kam eine schreckliche Sturmflut auf, die alles, was nicht niet- und nagelfest war, durch die Luft schleuderte.

Der Seehund dachte: Wie gut, dass die kleine Trottellumme heute Nacht in der Höhle vom Einsiedlerkrebs schläft.

Der Krebs dachte: Wie gut, dass die kleine Trottellumme heute Nacht mit den Deichschafen geschützt hinter dem Deich sitzt.

Am nächsten Morgen aber, als sich der Sturm wieder gelegt hatte und die Freunde sich trafen, war die kleine Trottellumme nicht dabei.

Sie war verschwunden.

Die Freunde suchten überall nach ihr. Auf allen Sandbänken und in allen Strandhöhlen. Auf allen Felsen hoch über dem Meer. Und auf dem Meeresgrund. Doch die kleine Trottellumme blieb verschollen.

»Unsere kleine Trottellumme«, heulte der Seehund. »Vielleicht ist sie ertrunken. Sie konnte ja noch nicht schwimmen. Huhuuuhu.«

»Sie war so ein besonderes Tier.« Der Krebs wischte sich eine Träne aus dem Auge. »Wenn sie wenigstens sprechen würde, dann könnte sie jetzt nach dem Heimweg fragen.«

»Na gut«, krächzte die Lachmöwe. »Die kleine Trottellumme war keine Super-Aufschnapperin, aber wenn sie wenigstens fliegen könnte, dann hätte der Sturm sie nicht fortgeweht.«

»Sie weiß noch gar nicht, wie schön die Welt ist«, schniefte das Deichschaf. »Wie viel Freude es macht, eine schwierige Rechenaufgabe zu lösen oder einen unerforschten Weg zu entdecken.«

»Wisst ihr noch, wie süß es ausgesehen hat, wenn sie über ihre kleinen Füße gestolpert ist?«, heulte der Seehund.

»Ja, ja, ja«, heulten die anderen Tiere. Da sahen sie auf einmal, wie aus der Ferne etwas auf sie zustolperte. Es war die kleine Trottellumme.

Die vier jubelten vor Freude. »Wo kommst du denn her? Wo bist du gewesen? Was ist passiert?«, fragten alle durcheinander.

»Zuerst hat mich der Sturm in die Luft gerissen«, erzählte die kleine Trottellumme erschöpft. »Dann bin ich zu einer Sandbank geflogen. Dort hat mich eine große Welle ins Meer geschleudert und ich bin an den Strand getaucht. Da hab ich eine nette Wasserschildkröte nach dem Weg zum Leuchtturm gefragt.«

»Aber woher kannst du denn fliegen, tauchen, sprechen und den Weg zum Leuchtturm finden?«, fragten sie verblüfft.

»Na, von euch natürlich!«, sagte die kleine Trottellumme.

»Unsere kleine Trottellumme ist ein echtes Wundertier!«, sagte der Seehund stolz und die anderen nickten glücklich.

Dagmar H. Mueller

Johnnie will bei Mama schlafen

Johnnie ist schlau und sommersprossig wie ein Seeräuber und stark. Sehr stark. So stark, dass er glatt Mama umschmeißen kann.

Jedenfalls wenn sie gerade auf einem Bein vor dem Pflanzenregal steht und sich hochreckt und nicht sieht, dass Johnnie mit hundertfünfzig Sachen wie eine Dampfwalze von hinten angerannt kommt.

Bums!, macht Mama dann. Und ein dummes Gesicht macht sie auch. Da kann man doch nur kichern!

Ja, so stark ist Johnnie!

Aber wenn Mama sich dann wieder hochrappelt, sollte man schleunigst aufhören mit dem Kichern. Denn es könnte sein, dass Mama es gar nicht so lustig findet, umgeschmissen zu werden. Und es könnte sein, dass sie sich deshalb Johnnie schnappen und mal ein ernsthaftes Wort mit ihm reden möchte!

Aber schafft sie das?

Nee.

Denn Johnnie ist schneller!

Ja, Johnnie ist auch schnell und gerissen und mutig. Sehr mutig. So mutig, dass er ohne Festhalten vom oberen Bett seines Etagenbettes springt. Dreimal hintereinander. So doll, dass der ganze Boden wackelt. Ja, so mutig ist Johnnie!

Johnnie mag sein Etagenbett. Unten ist es gemütlich wie in einer Höhle. Man kann sich alle Bettdecken der ganzen Wohnung holen und die Sofakissen aus dem Wohnzimmer und auch noch die großen Badehandtücher aus dem Bad und sich ganz dick einkuscheln. Und dann unter den ganzen Decken mit einer Taschenlampe Piratenbücher angucken.

Die mag Johnnie am allerliebsten. Denn wenn er nicht Mamas Sohn geworden wäre, dann wäre er ganz bestimmt Pirat geworden. Ein großer, berühmter Pirat!

Aber so ist es auch gut.

Das obere Bett ist wie ein großes Schiff. Da kann man Schiffskapitän spielen. Oder Seeräuber. Und so tun, als ob man weit, weit auf dem Meer segelt und schrecklich gefährliche Abenteuer erlebt.

Man könnte natürlich in dem Etagenbett auch ganz einfach schlafen. Unten oder oben. Ganz wie man wollte.

Aber Johnnie will nicht. Nein, Johnnie will überhaupt nicht in seinem Bett schlafen. Weder oben noch unten. Johnnie will bei Mama schlafen.

Mamas Bett ist groß und
weiß und weich. Man liegt dort warm
und kuschelig. Und wenn man nachts mal aufstehen und Pipi
machen muss, dann muss man nicht allein wieder einschlafen,
denn Mama liegt ja neben einem. Auch wenn sie nur »Hrr-
ppppff« macht und gar nicht gemerkt hat, dass einer mal eben
aufgestanden ist.

Ja, eigene Etagenbetten sind eine tolle Sache. Tagsüber. Aber
nachts ist es doch gut, neben Mama zu schlafen.

Mama allerdings findet, dass Johnnie allmählich ja immer
größer wird.

Klar, das findet Johnnie auch. Ist doch klasse! Und wär doch komisch, wenn er immer kleiner werden würde! Was das aber mit dem Schlafen bei Mama zu tun haben soll, das versteht Johnnie ganz und gar nicht.

»Guck doch mal, Johnnie«, sagt Mama, »bald ist das Bett zu klein für uns beide.«

»Quatsch«, sagt Johnnie und rutscht in Mamas Bett flink wie eine Seerobbe hin und her, um zu zeigen, wie riesig so ein Mamabett ist. »Hier ist soo viel Platz, da könnte dicke noch einer drin liegen.«

»Aber irgendwann musst du doch auch mal in deinem eigenen Bett schlafen, kleiner Johnnie«, sagt Mama und streicht Johnnie übers Haar.

Ja klar, das macht Johnnie ja auch. Irgendwann.

»Wie wär's, wenn wir es so machen«, schlägt Mama vor. »Einen Tag in der Woche kannst du bei mir schlafen, aber die anderen Tage schläfst du jetzt mal in deinem Bett. Wie findest du das?«

Na, wie wohl?

Doof findet Johnnie das. Ganz doof.

»Aber Seeräuber bleiben auch nachts auf ihren Schiffen und gehen nicht bei ihren Mamas vor Anker«, sagt Mama.

Da allerdings ist was dran. Das muss Johnnie zugeben.

»Und so ein mutiger Seeräuber wie du, der segelt auch nachts über das weite Meer!«, sagt Mama.

Und mutig ist Johnnie ja wirklich.

»Vielleicht segelst du erst mal eine Nacht auf deinem Schiff, und dann können wir sehen, wie es war«, sagt Mama.

»*Nee*«, sagt Johnnie, der mutige Pirat, »nee.«

»Na schön«, sagt Mama und schlägt die Bettdecke zurück, »dann werde eben ICH mal ein bisschen auf deinem Schiff segeln. Möchte doch zu gern wissen, wie sich das anfühlt, so hoch oben über den Fluten.«

Und Mama packt sich ihre Bettdecke unter den Arm, stapft rüber in Johnnies Zimmer und klettert todesmutig ganz nach oben auf Johnnies Piratenschiff.

Dort breitet sie ihre Decke aus und sieht zufrieden in den Sternenhimmel über ihr.

»Du meine Güte«, staunt Mama, »so viele Sterne. Und Sternschnuppen! Ich muss wohl direkt vor der Küste von Marokko sein! Wo sonst gibt es so viele Sternschnuppen? – Willst du nicht auch mal gucken kommen?«, ruft Mama rüber zu Johnnie.

»Nee«, ruft Johnnie zurück und bleibt unbeeindruckt in Mamas Bett liegen.

Welcher echte Pirat würde nachts schon nach Sternschnuppen gucken, wenn es auch überall mit Schätzen beladene Schiffe zu entern gäbe? Aber so ist das nun mal mit Mama. Zum Kuscheln ist sie prima, aber für ein echtes Piratenleben taugt sie nicht viel.

»Johnnie!«, ruft Mama laut. »Da kommt ein riesiges Schiff direkt auf mich zu. Was soll ich jetzt tun?«

»Wie sieht es denn aus?«, ruft Johnnie zurück.

Mama überlegt. Dann sieht sie die dunkelblauen Vorhänge vor Johnnies Fenster.

»Es hat gefährlich dunkelblaue Segel!«, schreit sie.

Johnnie in Mamas Zimmer muss grinsen. Nein, Mama ist einfach nicht sehr gut im Seeräubersachen-Ausdenken!

»Was ist denn drauf auf den Segeln?«, fragt Johnnie.

Auf seinen Vorhängen am Fenster sind kleine, weiße Segelboote. Das weiß Johnnie. Aber kleine, weiße Segelboote können ja wohl kaum auf großen, gefährlichen Piratensegeln sein! Na, was wird Mama jetzt sagen?

»Auf den Segeln sind … auf den Segeln sind lauter gefährlich aussehende Piratenschiffe«, behauptet Mama.

»Sind sie vielleicht weiß?«, fragt Johnnie und grinst wieder.

»Ja, genau! Woher weißt du?«, ruft Mama. »Weiße Piratenschiffe sind auf den Segeln!«

Na, Johnnie kennt doch seine Vorhänge!

»Hilfe!«, ruft Mama jetzt. »Hilf mir, Johnnie!«

Himmel, nun muss Johnnie wohl doch mal Mama zu Hilfe kommen!

Er springt mit einem Satz aus Mamas Bett und rennt rüber in sein Zimmer.

»*Aaaa-tacke!*«, schreit Johnnie, schnappt sich seinen Piraten-

säbel und greift furchtlos und ohne zu zögern die Gardinen an.

Zack – zack – und noch ein Schlag!

»Haaa!«, schreit Johnnie, aber die Vorhänge flattern bloß hilflos und wehren sich kaum. Nach nur wenigen kräftigen Hieben hat er sie besiegt. Dann entert er das Schiff mit den dunkelblauen Segeln.

Mama hält die Bettdecke mit beiden Händen fest umklammert und bibbert.

Doch da steht Johnnie schon säbelschwingend auf dem Fensterbank-Schiffsdeck und ruft: »Alles klar! Die feige Mannschaft ist ins Wasser gesprungen. Du bist gerettet!«

»Oh, mein Johnnie!«, haucht Mama erleichtert und hält die Bettdecke auf. Siegreiche Piraten brauchen nach harten Kämpfen einen warmen Platz zum Kuscheln.

Und – schwupp – hüpft Johnnie, der große Pirat, runter von dem Schiff mit den blauen Segeln und rauf auf sein eigenes Piratenschiff und schmiegt sich an Mama.

Johnnie seufzt. Müde ist er jetzt. Richtig müde. Na klar, auch die größten Piraten werden irgendwann müde.

»Schön ist es auf deinem Schiff«, sagt Mama leise.

»Mhmm«, murmelt Johnnie und ist schon halb eingeschlafen.

»Und so viele Sterne«, flüstert Mama, »ja, wirklich, fast genau wie vor der Küste von …«

Aber das hört Johnnie gar nicht mehr.

Michael Ende

Lirum Larum Willi Warum

Eine lustige Unsinnsgeschichte für kleine Warumfrager

»Warum«, so fragt der Willi seinen
betagten Onkel Eduard,
»warum nur, Onkel, hast du einen
so großen, langen, weißen Bart?«
»Weil ich doch auch was kämmen möchte«,
versetzt der Onkel ohne Zorn.
»Zwar Locken hab ich nicht so rechte,
doch habe ich einen Kamm aus Horn.«

Der Willi denkt:
Das geht noch weiter!
Vielleicht erzählt er
mir noch mehr.

»Und warum hast du«, fragt er heiter,
»den Kamm aus Horn? Wo stammt der her?«

»Einst kamen, mir den Kamm zu schenken,
mal sieben Zirkusclowns zu mir.
Es war ein letztes Angedenken
an Fräulein Lola Jaromir.
Die Clowns, sie klagten ganz entsetzlich:
Um jenes Fräulein war's geschehn!
Verschwunden war die Ärmste plötzlich,
und zwar auf Nimmerwiedersehn.«

Der Willi fragt mit großen runden
erstaunten Augen voller Schreck:
»Warum war Lola denn verschwunden?
Warum war sie auf einmal weg?«
»Bei ihrer großen Zaubernummer
gab sie stets acht auf jedes Wort,

doch zauberte – zu unserem Kummer –
sie eines Tags sich selber fort.
Ach, sie verwechselte die Sprüche,
denn es verwirrte sie so sehr
grad vor dem Zelt das fürchterliche
Ta-tü-ta-tü der Feuerwehr.«

Der Willi, als er dies vernommen,
verwundert sich und fragt gespannt:
»Die Feuerwehr ist angekommen?
Warum? Hat es denn wo gebrannt?«

»Zehn Autos, Kran- und Spritzenwagen,
dazu die ganze Feuerwehr –
man sah sie durch die Straßen jagen,
hinauf, hinab und kreuz und quer!
Nur weil drei alte Kaffeetanten
in Ohnmacht lagen, sterbenskrank,
gab's den Alarm und alle rannten.
Sonst war nichts weiter – Gott sei Dank!«

»Die Feuerwehr da gleich zu holen«,
erklärt der Willi, »find ich dumm!«
Dann lacht er, aber nur verstohlen.
»In Ohnmacht fielen sie? Warum?«

»Nun, Damen aus dem feinsten Kreise
sind sehr empfindlich und nervös.
Sie duften gut, sie sprechen leise,
und sie vertragen kein Getös'.
Beim Mokka saßen grade alle,
bei Kirschlikör und Zuckerschaum –
da plötzlich flog mit Mordsgeknalle
Professor Düse durch den Raum.«

»Ha, fliegen wollt' ich auch schon immer«,
sagt Willi sinnend, »nur nicht so!
Warum flog der denn durch das Zimmer?
Warum nicht lieber anderswo?«

»Ein jeder Vogel fliegt viel besser,
ganz ohne Rauch, Gestank und Knall.
Das wusste gut auch der Professer
und suchte deshalb überall
nach Knux, dem Knaben, jung an Jahren.
Er suchte nah und weit entfernt,
um von ihm endlich zu erfahren,
wie man den Vogelflug erlernt.«
Der Willi lacht (man sieht die Grübchen).
»Ich möchte wissen«, sagt er dann,
»warum gerade Knux, das Bübchen,
ihm bei der Frage raten kann?«

»Der Wunderknabe konnte reden
mit allen Vögeln ohne Müh'.
Er kannte schon vom Ei an jeden
und galt als bester Freund für sie.
Als wären's Brüder oder Schwestern,
saß er mit ihnen auf dem Ast,
denn nachbarlich bei ihren Nestern,
so wuchs er auf – als Vogel fast.«
Nach einem sehr erstaunten Schweigen
fragt Willi voller Wissbegier:
»Warum wohnt Knux denn in den Zweigen?
Warum wohnt er nicht so wie wir?«

»Ganz früher stand nur eine Hütte
in seines Gärtchens engem Raum,
doch wuchs gerade in der Mitte
ein anfangs zarter, junger Baum.
Nur: Langsam wurde aus dem zarten
ein dicker Stamm – der wuchs und wuchs!
Als dann kein Platz mehr war im Garten,
zog ins Geäst Familie Knux.«
Ach, denkt der Willi hingerissen,
auch so zu wohnen, wär' mein Traum!
»Warum«, so will er schließlich wissen,
»wuchs er denn grade dort, der Baum?«

»Ein Künstler malte auf dem Felde
und stellte diese Landschaft dar,
doch malte er auf dem Gemälde
dort einen Baum, wo keiner war.
Nachträglich (dass es niemand merke)
pflanzte er dann das Bäumchen ein,
so stimmte schließlich mit dem Werke
die Wirklichkeit doch überein.«
Der Willi ist sich nicht im Klaren,
ob in der Kunst dergleichen gilt,
drum sucht er lieber zu erfahren:
»Und warum malte er das Bild?«

»Es war von einem Puppenspieler
bei ihm als Bühnenbild bestellt
für ein Ballett zur Freude vieler.
Das Publikum saß schon im Zelt.
Geplant war als Musik zum Reigen
ein Festkonzert vom Rundfunkhaus,
doch aus dem Radio kam nur Schweigen,
so fiel das Puppentänzchen aus.«

Der Willi findet das verdrießlich
und macht ein schmollendes Gesicht.
»Warum«, fragt er den Onkel schließlich,
»kam die Musik vom Rundfunk nicht?«

»Die Symphonie, sie kam ins Stocken,
weil alles lachte – ach herrje!
Der Dirigent stand da in Socken,
man sah sogar den großen Zeh!
Die Schuhe blieben nämlich kleben
auf einer Straße, als er kam.
So konnte er den Takt nicht geben,
weil dies ihm alle Würde nahm.«

Nun wird der Willi wieder heiter,
er hört der Sache schmunzelnd zu.
»Warum«, erkundigt er sich weiter,
»sind sie den festgepappt, die Schuh'?«

»Auf den Befehl vom Bürgermeister
strich nachts der Zettelanklebmann
anstatt der Anschlagwand mit Kleister
das ganze Straßenpflaster an.
Gleichzeitig haben andre Leute
die Anschlagwände schwarz geteert,
denn was der Bürgermeister heute
befahl, war alles ganz verkehrt.«

Nun muss der Willi richtig lachen:
»Na so was! Das ist allerhand!

Und warum brachte er die Sachen,
die er befahl, so durcheinand'?«
»Die Stimme kannten freilich alle –
doch meistens nur am Telefon.
Und leider war's in diesem Falle
des Herren nachgemachter Ton.
Der Bürgermeister nämlich selber,
er war bei all dem nicht dabei –
am Hörer sprach sein roter, gelber,
sein kunterbunter Papagei.«
Und Willi, der gern wissen möchte,
was nun noch weiterhin geschah,
er fragt: »Warum war denn der echte
Herr Bürgermeister gar nicht da?«

»Er lag im Bett aus weichen Daunen
und schonte sich und war ganz matt,
weil er vor lauter Schreck und Staunen
die Sprache glatt verloren hat.
Seit Stunden sperrte er nur immer
verwundert Mund und Nase auf.
Jedoch der Doktor stand im Zimmer
und sprach: Nur Mut! Es hört bald auf.«
Arznei und Pillen zu bekommen,
das macht den Willi nicht sehr froh,

und darum fragt er, leicht beklommen:
»Warum verwundert er sich so?«

»Nur einen Blick vom Turme tat er
die Nacht zuvor bei Mondenschein,
da sah er viele, viele Kater
rings auf den Dächern, groß und klein.
Und all die Kater, denk dir, hatten
Krawatten um von jeder Art,
und zwar die Schlipse und Krawatten
von deinem Onkel Eduard.«

Nachdenklich hört man Willi fragen:
»Dann kannst du also niemals mehr
Krawatten oder Schlipse tragen?
Warum gabst du die alle her?«

»Ach, solchen Halsschmuck brauch ich keinen«,
lacht fröhlich Onkel Eduard,
»denn niemand säh' ihn ja bei meinem
so schönen langen, weißen Bart.
Doch damit sind wir sozusagen
dort angelangt, wo es beginnt,
denn willst du nun noch weiter fragen –
dann fängt's von vorne an, mein Kind!«

Edith Schreiber-Wicke

Zwei Papas für Tango

Pinguine mag man. Sie sind nett anzusehen und erinnern an gut gekleidete Menschen. Daher gibt es auch ziemlich viele Pinguingeschichten. Aber diese Geschichte hier unterscheidet sich von anderen Pinguingeschichten. Sie ist nicht erfunden. Nur nacherzählt.

Pinguine leben in der Antarktis. Aber nicht alle. Manche Pinguine leben in einem Tiergarten. So wie Roy und Silo, zwei bildschöne Pinguine in den besten Jahren. Die beiden wohnen im Zoo von Manhattan, einem Stadtteil von New York. Es scheint ihnen hier ganz gut zu gefallen. Vielleicht halten sie die Wolkenkratzer rundherum für seltsam geformte Eisberge.

Roy und Silo waren immer schon befreundet. Von Ei an, sozusagen. Sie spielten miteinander alle Pinguinspiele. Klippenklettern. Tieftauchen. Wettwatscheln. Schnellschwimmen. Sie waren die fröhlichsten Pinguine weit und breit. Und immer schliefen sie eng nebeneinander ein.

Die anderen Pinguine in ihrem Alter begannen irgendwann,

sich für Pinguinmädels zu interessieren. Roy und Silo interessierten sich ausschließlich füreinander. Den beiden Tierpflegern gefiel das nicht.

»So wird das nie was«, brummte der eine. Zwei männliche Pinguine können nämlich miteinander keine Pinguinkinder kriegen. Nichts zu machen. Es sind die Pinguinmädels, die Eier legen. Und ohne Pinguin-Ei kein Pinguinkind. So ist das nun mal.

»Man muss sie voneinander trennen«, meinte der eine Pfleger. »Das wird sie auf die richtigen Gedanken bringen.«

»Gute Idee«, sagte der andere.

»Keine gute Idee!«, sagten Roy und Silo in ihrer Sprache. Aber wer versteht schon Pinguinisch? Am nächsten Tag rührten Roy und Silo ihre Frühstückskrabben nicht an. Am Tag darauf auch nicht. Und am darauffolgenden Tag genauso wenig.

Kummer ist eine recht gefährliche Krankheit. Das wussten auch die Pfleger. Am vierten Tag waren Roy und Silo wieder vereint.

Damit könnte die Geschichte aus sein. Liebevolle Begrüßung, Umarmung, Happy End. Aber die Geschichte ist noch nicht aus. Roy und Silo begannen, Steinchen zu sammeln.

»Sie bauen ein Nest«, sagte der eine Pfleger erstaunt.

»Ja, aber —«, sagte der andere.

»Genau«, nickte der erste. »Wo wollen sie denn ein Ei hernehmen?«

Als das Nest fertig war, bemerkten Roy und Silo natürlich den offensichtlichen Mangel. Sie schauten sich gründlich um und rollten schließlich einen Stein von passender Farbe und Größe in das vorbereitete Nest.

»Sieht tatsächlich aus wie ein Ei«, sagte der eine Pfleger.

»Ja, aber —«, sagte der andere.

»Genau«, meinte der erste. »Aus einem Stein-Ei wird nie ein Pinguin schlüpfen.«

Darüber machten sich Roy und Silo keine Gedanken. Sie brüteten. Und brüteten. Und brüteten. Abwechselnd. Man hält bei Pinguinen viel von Arbeitsteilung.

Damit könnte die Geschichte auch wieder aus sein. Warten. Enttäuschung. Kein Happy End. Aber es kam ganz anders.

»Die Welt ist seltsam«, sagte der eine Pfleger. »Die einen be-brüten einen Stein. Andere lassen ein gesundes Ei im Stich.«

»Was?!«, rief der andere Pfleger. »Warum sagst du mir denn das nicht?«

»Ich sag es dir ja gerade«, sagte der erste ein wenig beleidigt. »Du willst doch nicht etwa …?«

Aber genau das wollte der Pfleger, der übrigens Rob heißt. Während Roy und Silo Platz tauschten, legte Rob anstelle des Steins das verlassene Ei ins Nest. In den nächsten Tagen und Wochen schlüpften rundherum in den Nestern der anderen Pinguinpaare niedliche kleine Pinguine aus den Eiern.

Roy und Silo schauten betrübt, aber sie brüteten tapfer weiter. Sie brüteten. Und brüteten. Und brüteten.

»Das wird nichts mehr«, sagte der eine Pfleger. »Die Natur hat das eben nicht vorgesehen. Zwei Väter! Wo gibt's denn so was!«

Na wo wohl? Genau hier in unserer Geschichte! Es sieht sehr seltsam aus, wenn zwei Pinguine einander umarmen und dabei Freudensprünge machen.

»Die tanzen Tango«, sagte der eine Pfleger.

»Tango«, wiederholte Rob und nickte zufrieden. Im Nest saß ein winziger Pinguin und betrachtete verdutzt seine beiden hüpfenden Väter.

Seitdem sind Roy, Silo und Tango eine Familie wie jede andere. Na ja – nicht ganz wie jede andere. Aber auf jeden Fall eine glückliche Familie.

Ulrike Kuckero
Till lädt die Waldelfe ein

Till wanderte zum Wald am Berghang und hielt Ausschau nach der kleinen Waldelfe. Hin und wieder rief er leise nach ihr und horchte, ob er ihren Gesang hören konnte, der dem einer Amsel glich. Doch im Wald blieb es still.

»Vielleicht schläft sie gerade«, dachte Till und setzte sich unter eine dicke Fichte.

Er wusste, dass Waldelfen nur wenig schlafen, weil ihre Tage und Nächte so kurz sind. Während Till gerade einmal einen Tag erlebte, hatte die Waldelfe in dieser Zeit schon fünfmal geschlafen und fünfmal gefrühstückt. Es konnte also nicht lange dauern und sie würde aufwachen und zu ihm herunterfliegen.

Till wurde selbst ein bisschen schläfrig und schloss die Augen. Ein kleines Nickerchen an diesem seltsamen Tag konnte nicht schaden, dachte er noch. Dann war er eingeschlafen.

Etwas kitzelte ihn an der Nase.

Till wischte mit der Hand übers Gesicht und hörte ein dünnes, fröhliches Lachen. Er öffnete die Augen und sah gerade

noch, wie ein Paar
durchscheinender Flü-
gel hinter dem Baum-
stamm verschwand. Eine
hohe Stimme war zu hö-
ren: »Fang mich doch!«

Noch ganz benom-
men erhob Till sich
und ging um den
Stamm herum. Mit den
Händen griff er dabei in
die Luft und war sich fast
sicher, die Waldelfe erwischt zu haben, als sie wieder anmutig
um seine Nase schwirrte und rief: »Daneben! Fang mich doch!«

»Waldelfe, halt! Hör mir doch erst einmal zu«, rief Till und
versuchte, die Waldelfe an ihren langen Locken, die starr in alle
Richtungen abstanden, festzuhalten. Doch wieder entwischte
sie ihm, lachte, dass es klang wie ein winziges Zicklein, und
setzte sich schließlich auf eine Baumwurzel.

»Ich soll dir zuhören?«, rief sie und strich sich die Flügel
glatt. »Erst mal muss ich frühstücken. Ich hab einen Bärenhun-
ger.«

Till musste lächeln. »Was essen Waldelfen denn so, wenn sie
hungrig sind wie ein Bär?«, fragte er keck.

Die Waldelfe sah Till verschmitzt an. Dann riss sie Augen

und Mund auf, machte furchterregende Geräusche und knurrte: »Kleine Wiesentrolle natürlich!«

»Ojemine, da fürchte ich mich aber«, jammerte Till Wiesentroll und lachte so sehr, dass er Schluckauf bekam.

Die Waldelfe jedoch hatte bereits eine dicke Blaubeere in den Händen und biss herzhaft hinein. Als sie die Beere verspeist und die Finger sehr anmutig abgeleckt hatte, schlug sie die Beine übereinander, stützte das Kinn in die Hand und schaute Till an. »Ich höre«, sagte sie.

Till räusperte sich. Er holte seinen zerknitterten Zettel aus der Hosentasche, hielt ihn der Waldelfe hin und sagte: »Ich will dich einladen.«

Die Waldelfe zog die Augenbrauen hoch, hielt den Zettel

weiter von sich fort und sagte schließlich: »Kannst du ihn mir vorlesen? Ich glaub, ich brauche eine Brille.«

»Natürlich«, sagte Till, nahm den Zettel zurück und las stockend vor: »Liebe Freunde! Bitte kommt zu meinem Fest! Ich freu mich schon. Till Wiesentroll.«

Die Waldelfe sah Till überrascht an.

»Du feierst ein Fest?«, fragte sie. »Warum denn?«

»Warum?« Till stutzte. »Weil, weil … Weil ich ein Fest feiern will, darum«, sagte er schließlich und blickte die Waldelfe zufrieden an.

»Aha«, sagte sie und nickte.

»Und wann ist dieses Fest?«, fragte sie dann. »Ich muss ja schließlich wissen, wann ich kommen soll. Hoffentlich ist dann nicht gerade Schlafenszeit.«

»Wann?« Till stockte. Wann sollte das Fest eigentlich sein? Ja, wahrhaftig, darüber hatte er überhaupt nicht nachgedacht.

»Wie wäre es mit übermorgen?«, fragte er zaghaft.

»Übermorgen? Das fängt bei mir in zweihundertfünfundachtzig Minuten an«, sagte die Waldelfe und blickte Till streng an. »Meinst du vielleicht dein Übermorgen?«

»Klar«, sagte Till zerknirscht. »Mein Übermorgen. Für dich wäre das also …«

»In zehn Elfentagen«, unterbrach ihn die Waldelfe.

Till nickte und wartete, ob die Waldelfe noch etwas sagen würde. Doch sie schwieg. Sie schien nachzudenken. Ab und zu strich sie sich über die Flügel, die bereits ein wenig sirrten. Sie zog die Stirn kraus. Sie zerrte an ihren steifen Locken. Dann wendete sie den Blick auf Till Wiesentroll. »Und wer kommt zu deinem Fest?«, fragte sie.

»Alle meine Freunde«, sagte Till stolz.

»Dann komm ich natürlich auch«, sagte die Waldelfe würdevoll und erhob sich in die Luft. »Ich kann ja auch mal eine Schlafenszeit auslassen, nicht wahr?«, fügte sie fröhlich hinzu. Sie flog einmal um Till herum, lächelte ihn an und bedankte sich für die Einladung.

»Also bis dann«, rief Till. »Ich freu mich!«

Die letzten Worte hatte die Waldelfe vielleicht nicht mehr gehört. Sie strich zwischen den Tannenzweigen entlang und flog schließlich zu einem ihrer Wachbäume, wo sie einen herrlichen Gesang anstimmte. Till war so glücklich, dass er am liebsten mitgesungen hätte. Stattdessen pflückte er ein paar Blaubeeren und steckte sie in den Mund. Sie schmeckten einfach köstlich!

Heute ist wirklich ein seltsamer Tag, dachte Till. Erst ist alles so leer und langweilig, dann plötzlich ist es schön und lustig, einfach zum In-die-Luft-Springen!

Das tat Till Wiesentroll auch. Dann machte er sich auf den Heimweg.

Otfried Preußler
Habuh! Habuuuh!

Der kleine Wassermann sammelte alles, was die Menschen
achtlos in den Mühlenweiher warfen: Blechbüchsen, Glühbir-
nen, durchgelaufene Holzpantoffeln und andere wertvolle
Dinge mehr. Er versteckte sie unter den Steinen hinter dem
Wassermannshaus. Mit der Zeit kamen in seiner Schatzkam-
mer allerhand Reichtümer zusammen, und eines Tages zeigte
sie der kleine Wassermann

voller Stolz seinem
Freund, dem Karp-
fen Cyprinus.

Cyprinus besah
sich die einzelnen
Stücke von hinten
und vorn. Dann
verzog er spöttisch
das Maul und er-
klärte: »Alles, was

recht ist, mein Lieber — aber was tust du zum Beispiel mit einem Henkeltopf ohne Boden? Und was mit dem alten, verrosteten Schürhaken da? Einen löchrigen linken Schuh hast du auch, wie ich sehe. Und Bierflaschen scheinst du ja gleich ein paar Dutzend auf Lager zu haben.«

»Bierflaschen finde ich ziemlich oft. Die meisten sind leider gesprungen«, sagte der kleine Wassermann. »Aber das tut nichts, ich hebe sie trotzdem auf.«

»Und — wozu, wenn man fragen darf?«, forschte der Karpfen Cyprinus.

»Wozu?«, wiederholte der kleine Wassermann überrascht. Es wäre ihm nie in den Sinn gekommen, danach zu fragen. Er suchte in aller Eile nach einer Antwort. Noch während er nachdachte, sagte Cyprinus: »Na, siehst du, da haben wir's! Nicht einmal du weißt, wozu du den ganzen Plunder da eigentlich aufklaubst. Das alles ist unnützes Zeug, du solltest es wegwerfen!«

»Wegwerfen?«, brauste der kleine Wassermann da aber auf. »Das kommt gar nicht infrage, das musst du schon mir überlassen!«

»Nun gut«, sprach Cyprinus, »ich rede dir nicht hinein, es ist deine Sache. Wenn es dir Spaß macht, Gerümpel zu sammeln, dann bitte! Ich jedenfalls würde das nicht tun. Aber ich bin ja auch schließlich ein alter Knabe und nicht erst seit gestern im Wasser.«

Cyprinus stieß ein paar Luftblasen aus, um zu zeigen, dass er nun nichts mehr hinzuzufügen gedachte. Dann schwamm er für diesmal davon.

Der kleine Wassermann blickte ihm zornig nach.

»Du kannst reden, soviel du willst!«, rief er hinter ihm drein. »Aber mir meine schönen Sachen verleiden, das bringst du dein Lebtag nicht fertig!« Und im Stillen hoffte er auf eine Gelegenheit, bei der er Cyprinus davon überzeugen konnte, dass sich mit seinen Reichtümern doch etwas anfangen ließ.

Er brauchte nicht lange darauf zu warten.

Es waren noch keine drei Tage vergangen, da traf er das nächste Mal mit Cyprinus zusammen. Der Alte machte ein bitterböses Gesicht und blubberte immerfort vor sich hin. Was er sagte, verstand der kleine Wassermann nicht; aber dass es bestimmt keine freundlichen Worte waren, das sah er.

»Cyprinus!«, rief er ihn an, »ja, was ist denn mit dir los?«

»Ach, lass nur«, bekam er zur Antwort, »ich ärgere mich.«

»Dass du dich ärgerst«, sagte der kleine Wassermann, »sieht ja ein Blinder! Aber worüber denn?«

»Über den Kerl mit der Angel!« Entrüstet schnappte Cyprinus nach Wasser. »Es ist eine Schande, dass man den Burschen nicht auffressen kann! Sitzt da am Ufer und wartet darauf, dass man anbeißt! Ich frage dich, ob das kein Grund ist, sich krankzuärgern. Auffressen, wenn ich ihn könnte!«

»Auffressen«, sagte der kleine Wassermann, »kannst du ihn

nicht. Und ich auch nicht. Aber — ich könnte vielleicht etwas anderes ...«

»So?«, sprach der Karpfen Cyprinus gedehnt und schaute den kleinen Wassermann ungläubig an. »Und das wäre?«

»Abwarten, abwarten«, wehrte der kleine Wassermann ab, denn er wollte Cyprinus damit überraschen.

Der Karpfen musste ihm zeigen, wo die Angelschnur mit dem Haken ins Wasser hing. Dann hieß er den Alten näher ans Ufer schwimmen und achtgeben, was mit dem Angler geschehen würde. »Mehr kann ich dir jetzt nicht verraten«, erklärte er augenzwinkernd, »es ist ein Geheimnis.«

Cyprinus schwamm also näher ans Ufer und wartete. Misstrauisch schielte er auf den Menschenmann, der die Angelrute über den Teich hielt. Neben dem Menschenmann stand ein Eimer. Ab und zu schwappte Wasser heraus. Er hat wohl schon ein paar von uns gefangen, dachte Cyprinus mit Grausen. Schlimm muss das sein, so im Eimer zu zappeln. Hoffentlich beißt ihm nicht noch einer an ...

Aber kaum hatte Cyprinus das gedacht, da sah er auch schon, wie der Menschenmann plötzlich die Augen zusammenkniff und sich duckte. Dann riss er mit einem gewaltigen Ruck seine Angel zurück.

Ojemine!, ging es dem guten Cyprinus durch Mark und Gräten. Da hat er schon wieder einen am Wickel, dieser entsetzliche Kerl! Und unsereins muss sich das auch noch ansehen!

In hohem Bogen kam etwas ans Ufer geflogen und landete klatschend im Gras.

Der Menschenmann stürzte sich gleich voller Eifer auf seinen Fang. Aber hoppla, das war ja diesmal gar kein Fisch, den er da heraufgeangelt hatte! Das war ja … Der Karpfen Cyprinus riss staunend das Maul auf. Das war ja ein löchriger linker Schuh!

Ja wahrhaftig, ein lumpiger, löchriger linker Schuh hing am Angelhaken!

Da ging dem Karpfen Cyprinus ein Licht auf. Er wusste natürlich sofort, wie der Schuh an den Haken gekommen war. Aber der Menschenmann wusste das nicht. Woher hätte der es auch wissen sollen?

Er machte zuerst ein verdutztes Gesicht, dann begann er zu wettern. Ärgerlich band er den Schuh los und schleuderte ihn in den Weiher zurück. Er zog eine Blechschachtel aus dem Stiefelschaft, holte daraus einen fetten Regenwurm hervor, spießte ihn auf den Haken und warf seine Angel wieder aus.

»Viel Glück!«, blubberte Cyprinus. »Ich bin ja gespannt, was du diesmal herauffischen wirst!«

Zur Abwechslung war es kein Schuh, den der Menschenmann eine Weile später an Land zog, sondern ein alter, verrosteter Schürhaken. Wie da der Menschenmann schimpfte! Dem Karpfen Cyprinus gefiel das. Er wackelte schadenfroh mit den Flossen und dachte sich: Dir wird die Freude am Angeln vergehen, mein Lieber! Mal sehn, was das nächste Mal dranhängt …

Noch siebenmal warf der Menschenmann seine Angel aus und jedes Mal kam ihm die Sache verhexter vor. Nach dem Schürhaken fing er eine leere Bierflasche, nach der Bierflasche holte er einen durchgelaufenen Holzpantoffel herauf; dann zog er der Reihe nach ein durchlöchertes Sieb, eine Mausefalle, ein Reibeisen und einen verbeulten Lampenschirm aus dem Weiher. Aber das letzte Mal hing ein Henkeltopf ohne Boden an seiner Angel. Und in dem Henkeltopf steckte der kleine Wassermann. Er hatte sich seine rote Zipfelmütze tief in die Stirn gezogen, schlug mit Armen und Beinen wild um sich und brüllte: »Habuh! Habuuuh!« Das hörte sich schauerlich an!

Der Menschenmann ließ vor Entsetzen die Angel fallen und rannte was-hast-du-was-kannst-du davon. Unterwegs verlor er die Blechschachtel mit den Würmern. Er achtete gar nicht darauf. Er rannte, als ob ihm der Teufel im Nacken säße. Ohne sich noch einmal umzublicken, verschwand er.

»So!«, rief der kleine Wassermann fröhlich und schlüpfte aus seinem Henkeltopf wieder heraus. »Ich schätze, den sehen wir nicht so bald wieder! Was meinst du, Cyprinus?«

»Ich meine«, sagte der Karpfen bedächtig, »das hast du ihm herrlich gegeben! Das hätte ein großer Wassermann auch nicht besser gekonnt!«

»Aber ohne den unnützen Plunder«, sagte der kleine Wasser-

99

mann lachend und klopfte dabei mit dem Fingerknöchel an seinen Henkeltopf ohne Boden, »da wäre das gar nicht so einfach gewesen.«

»Ach ja«, sprach Cyprinus, »ich sehe ja ein, dass du recht hattest. Sammle nur fleißig weiter Gerümpel! Ich werde mich hüten, noch einmal darüber zu spotten!«

»Na, wenn du's nur einsiehst, dann ist ja alles in Ordnung«, sagte der kleine Wassermann selbstzufrieden. »Da kann ich beruhigt ans Ufer schwimmen.«

»Ans Ufer?«, fragte Cyprinus verwundert. »Was willst du denn dort?«

»Erstens die Angelrute zerbrechen«, erklärte der kleine Wassermann, »zweitens die armen Kerle, die da so kläglich im Eimer herumzappeln, wieder in den Weiher zurückschaffen – und drittens …«

»Und drittens?«

»Drittens will ich die Blechschachtel holen, die dieser Angelfritze verloren hat, und die restlichen Regenwürmer einem gewissen Cyprinus zum Gabelfrühstück verehren.«

»Aber nein!«, rief Cyprinus gerührt.

»Aber ja!«, rief der kleine Wassermann. Und ich hoffe, sie werden ihm schmecken!«

Ursula Wölfel

Die Geschichte vom lustigen Mädchen

Ein Mädchen wollte nicht immer tun, was alle tun. Das fand es langweilig. Darum ging es nur noch rückwärts durch die Tür. Dabei überrannte es einmal den Großvater, und das tat dem Mädchen leid. Es gewöhnte sich das Rückwärtsgehen wieder ab.

Aber wenn jetzt jemand »Guten Morgen« sagte, antwortete das Mädchen: »Gute Besserung!«, und wenn ihm jemand »Gu-

ten Appetit!« wünschte, sagte es: »Glückliche Reise!«, und wenn jemand niesen musste, rief es: »Herzlich willkommen!«, und wenn es aus Versehen einem auf den Fuß trat, sagte es zur Entschuldigung: »Fröhliche Ostern!« Darüber ärgerten sich manche Leute und das Mädchen gewöhnte sich auch dies wieder ab.

Von nun an setzte es sich beim Essen auf den Tisch und stellte den Teller auf den Stuhl. Bei einem großen Familienfest regten die Tanten und Onkel sich sehr darüber auf. Aber wem schadete es denn? Das Mädchen kümmerte sich nicht um die Onkel und Tanten. Es aß jetzt immer so und fand das sogar bequem.

Brinx/Kömmerling

Die goldenen Schuhe

Ole und Opa kamen von Frau Sing. Opa hatte seine Stimme wiedergefunden und erzählte gerade eine Geschichte aus seinem Fußballer-Leben. »Ich stand also vor diesem Torwart, den sie Stier nannten, habe ich das schon gesagt? Sie nannten ihn Stier, weil er so breit war, dass er beinahe das ganze Tor ausfüllte und eigentlich kein Ball an ihm vorbeikam. Ich stand also vor ihm, den Ball am Fuß, und hatte die große Chance zu beweisen, dass ein Stier auch nur ein Tierchen ist …« Opa stockte, blieb stehen und starrte auf den Fußabtreter vor der Haustür.

»Gibt's ja nicht!«

Ole stand neben Opa und sah sie auch. Goldene Fußballschuhe. Klein, ungefähr Oles Größe, und golden. Sogar die Schnürsenkel.

Langsam schlich Opa zu den Schuhen, betrachtete sie von links und von rechts, ging dann in die Hocke und hielt seine Hände über sie, als würden sie Wärme ausstrahlen. »Unfassbar, die goldenen Schuhe!«, flüsterte er.

Ole ging nicht in die Hocke. Er blieb einfach vor den Schuhen stehen und verschränkte die Arme. »Ja, da stehen goldene Schuhe. Und?« Er tat so, als wäre ihm das ganz egal, dass goldene Fußballschuhe vor seiner Haustür standen.

Opa schaute ihn verwundert an. »Das sind die Schuhe von Eusebio da Silva.«

Ole zog die Augenbrauen hoch. Das bedeutete: *So, so. Noch nie gehört.*

Opa setzte sich auf die Treppe neben den Fußabstreifer und klopfte mit der flachen Hand auf den Platz links von sich. »Eusebio da Silva, genannt Bobo, war der Held der brasilianischen Fußball-Nationalmannschaft in den Fünfzigerjahren.«

Ole setzte sich neben Opa. Zwischen ihnen standen die goldenen Schuhe und glänzten.

»Wie viele Kinder in Brasilien lebte er als Junge auf der Straße. Er hatte keine Eltern und keine Schuhe. Trotzdem war das Einzige, woran er dachte und was er den ganzen Tag machte, Fußball spielen. Bobo war gut darin und sein größter Traum war es, Fußballer

zu werden. Aber wie sollte ein Straßenkind ohne Geld und ohne Schuhe sich jemals bei einem Fußballverein anmelden? Es gab keine große Hoffnung für Eusebio da Silva, genannt Bobo. Bis eines Tages die goldenen Schuhe vor dem Karton standen, in dem Bobo übernachtete. Oh, er traute seinen Augen nicht. Niemals hätte er ge-

dacht, dass er jemals Fußballschuhe besitzen würde, und jetzt waren sie auch noch golden! Er zog sie an und sie passten wie angegossen. Wie für ihn gemacht. Mit diesen Schuhen spielte Bobo noch viel besser als vorher. Zwei Tage später kam zufällig ein Vereinsdirektor am Strand vorbei, sah Bobo mit den goldenen Schuhen spielen und nahm ihn sofort mit. So verhalfen die Schuhe Bobo dazu, dass sein großer Traum in Erfüllung ging und er außerdem in einem richtigen Bett schlafen konnte. Und dann, eines Tages, als für Bobo nichts mehr schiefgehen konnte, waren die Schuhe plötzlich verschwunden. So wie sie gekommen waren. Sie wanderten weiter zu anderen Jungs und Mädchen, Männern und Frauen, die Fußballer werden wollten, denen aber irgendwas im Weg stand.« Opa strich voller Ehrfurcht über die Schuhe.

Ole schaute ihn ungläubig an.

»Jetzt sind sie zu dir gekommen, Ole. Damit du wieder Fußball spielst. Damit du der ganz Große wirst, der in dir steckt. So muss es sein.«

Ole schüttelte den Kopf und glaubte Opa kein Wort. Das hatte der sich doch nur ausgedacht, um Ole wieder auf den Platz zu kriegen! »Mensch, Opa, ich bin doch nicht blöd«, schimpfte er und stand auf. »Die hast du doch da hingestellt.« Er ging an den Schuhen vorbei ins Haus und drehte sich dann noch einmal zu Opa um. »Ich hab Husten. Und Schnupfen. Und Gliederschmerzen. Ich kann nicht Fußball spielen!«

Als Ole sich später etwas zu trinken aus der Küche holte, saß Opa am Tisch und nippte an seinem Kaffee. Die goldenen Schuhe standen hinter ihm auf dem Fensterbrett. Sie strahlten Ole an, aber der schaute sofort tief in den Kühlschrank und nicht mehr zu ihnen hin.

»Hallihallo, jemand zu Hause, ich bringe das neue Telefonbuch!« Der Postbote.

»Leg es da hin!«, sagte Opa.

Der Postbote sagte nichts mehr und Ole tauchte aus dem Kühlschrank auf, um zu sehen, was los war. Warum diese Stille?

Da stand der Postbote, das Telefonbuch in der Hand, mitten in der Küche und starrte auf die goldenen Schuhe. Schüttelte den Kopf. Machte die Augen zu. Dann wieder auf. »Das sind … das sind …?«, stotterte er und Opa nickte.

»Das sind die goldenen Schuhe von Eusebio da Silva!«

Der Postbote ließ das Telefonbuch einfach auf den Boden fallen und ging langsam zu den Schuhen, berührte sie leicht, strahlte. »Dann sind es auch die goldenen Schuhe von Mac-Maryman, genannt Maci Leftfoot, aus Glasgow.«

Opa nickte wieder. »O ja, das sind auch die Schuhe von Maci Leftfoot.«

Ole stand wie versteinert vor dem offenen Kühlschrank und merkte gar nicht, dass ihm langsam kalt wurde. Der Postbote setzte sich zu Opa an den Tisch, darauf brauchte er einen Kaffee. Dann erzählte er die Geschichte.

»Maci hatte zwei linke Füße. Zumindest spielte er so Fußball. Schlecht, schlechter, am schlechtesten. Immer genau am Tor vorbei. Dabei wollte er so gerne und tat sein Bestes. Aber eines Tages sagte ihm der Trainer, dass er 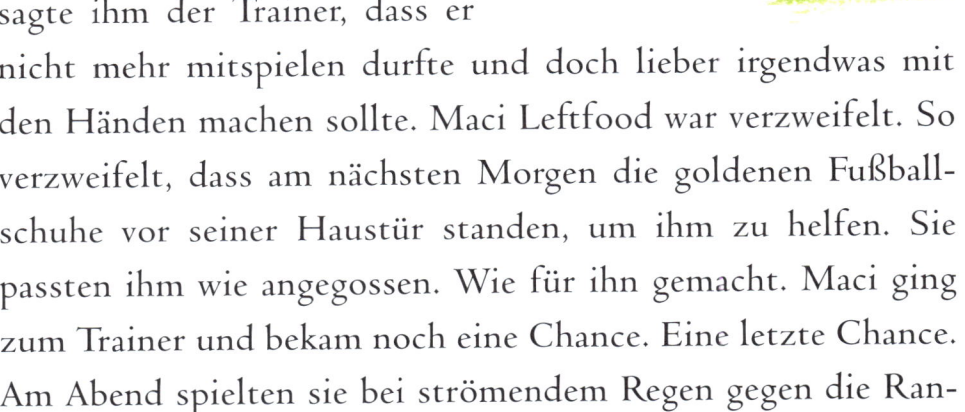 nicht mehr mitspielen durfte und doch lieber irgendwas mit den Händen machen sollte. Maci Leftfood war verzweifelt. So verzweifelt, dass am nächsten Morgen die goldenen Fußballschuhe vor seiner Haustür standen, um ihm zu helfen. Sie passten ihm wie angegossen. Wie für ihn gemacht. Maci ging zum Trainer und bekam noch eine Chance. Eine letzte Chance. Am Abend spielten sie bei strömendem Regen gegen die Rangers. Noch nie hatten sie gegen die gewonnen. Auch weil sie unfair spielten und foulten und schubsten und traten. Maci Leftfood war's egal. Er spielte mit seinen goldenen Schuhen wie ein Gott und schoss sage und schreibe sechs Tore. Trotz Regen! Plötzlich wusste er, wie es ging, und da machte es auch nichts, dass die Schuhe irgendwann einfach wieder verschwunden waren.«

Der Postbote seufzte, Opa nickte und Ole machte schlotternd die Kühlschranktür zu.

»Na, aber warum sind sie hierher gekommen? Sie meinen doch nicht etwa dich?« Der Postbote zeigte auf Opa und lachte.

»Nein, nicht so einen alten Knochen wie mich. Ole natürlich, sie meinen Ole!«

Der Postbote stand auf und schüttelte Ole die Hand. »Mein Junge, ich bin stolz, dem zukünftigen Fußballstar aus Rottendorf die Hand schütteln zu dürfen.«

Ole zog seine Hand weg. »Sie meinen nicht mich«, nuschelte er und verließ fluchtartig die Küche.

So ein Unsinn. Was erzählten die da? Andererseits, warum kannte der Postbote die Schuhe auch? Quatsch.

Ole setzte sich an seinen Schreibtisch und kritzelte nachdenklich auf einem Blatt herum. Und wenn! Dann waren es eben andere goldene Schuhe gewesen, die Bobo und Maci Leftfoot geholfen hatten. Gab ja wohl mehrere goldene Schuhe.

Tausende vielleicht sogar. Er strich den Fußball durch, den er aus Versehen gemalt hatte, sprang auf, holte seine Blockflöte und übte *Alle meine Entchen*.

Beim Abendessen standen die goldenen Schuhe immer noch da. Oles Vater sagte nichts dazu. Er hatte keine Geschichte über sie zu erzählen. Das wäre vielleicht anders gewesen, wenn ein goldener Ferrari vor der Tür gestanden hätte. Oles Mutter schüttelte nur den Kopf Richtung Opa. Sie war eindeutig der Meinung, dass die Schuhe ein fauler Trick von ihm waren. So wie Ole.

»Nicht dass du den Jungen von der Blockflöte abhältst!«, schimpfte sie.

Da klingelte es. Opa bekam Besuch von seinem alten Freund Karl. Jeden Mittwochabend saßen sie zusammen und erzählten von früher. Von ihren Frauen oder irgendwelchen Urlaubsreisen. Meistens allerdings vom Fußball. Karl war ein ruhiger, alter Mann. »Mich kann nichts mehr aufregen«, sagte er immer. »Ich habe alles erlebt!«

An diesem Abend aber betrat er die Küche seines alten Freundes und sah sie sofort: die goldenen Fußballschuhe. Sie standen auf dem Fensterbrett. Der Mond schien herein und brachte sie zum Leuchten. Zum Noch-mehr-Leuchten.

Karl stürmte zum Fensterbrett, nahm die goldenen Schuhe, wiegte sie in den Händen und war vollkommen außer sich. »Die goldenen Fußballschuhe von Ernst Ernstenberg, genannt der doppelte Ernst. Das ist ja nicht zu glauben, ich fasse es nicht! Wie kommen die denn hierher?«

Opa zuckte mit den Schultern. »Standen vor der Tür. Einfach so, wie sie es immer machen. Du weißt doch: Eusebio da Silva, genannt Bobo, MacMaryman, genannt Maci Leftfoot, und, ja, du hast recht, der doppelte Ernst. Bei dem waren sie auch …«

Karl lief aufgeregt in der Küche herum, wedelte mit den goldenen Schuhen und konnte sich gar nicht mehr beruhigen. »Der alte Ernst Ernstenberg. Er hatte seine Karriere schon beendet, weißt du noch? Zwei Jahre hatte er schon nicht mehr gespielt, nicht mehr trainiert und einen kleinen Bauch bekommen. Da fiel für das wichtige Spiel gegen Spanien — wann war es, 1974? Ja, 1974, da fiel der Stürmer aus, eine hartnäckige Erkältung, soweit ich mich erinnern kann.«

Opa nickte zustimmend.

»Der Trainer hatte keinen Ersatz«, erzählte Karl weiter und stieß mit einem der goldenen Schuhe gegen die Lampe. »Oh, Entschuldigung. — Jedenfalls hatte der Trainer niemanden, der ihn hätte retten können. Das Spiel war von vornherein verloren, doch dann überredete er den doppelten Ernst. Der konnte ihm das nicht abschlagen, hatte aber fürchterliche Angst. Er dachte, er würde sich blamieren, weil er doch nicht mehr so schnell war mit seinem Bauch und ohne Training. Die ganze Nacht konnte er nicht schlafen, da standen am nächsten Morgen die goldenen Schuhe vor seiner Haustür.«

»Ach was?« Oles Mutter hörte mit grimmigem Gesicht zu und hielt die Lampe an, die wild hin- und herschaukelte.

»Ja, so war es!«, sagte Karl und stellte die goldenen Schuhe vorsichtig wieder aufs Fensterbrett. »Sie passten wie angegossen. Wie für ihn gemacht. Im Spiel dann war der doppelte Ernst schneller als je zuvor und schoss das entscheidende Tor zum Sieg.«

Ole konnte nicht einschlafen. Er versuchte es schon eine Ewigkeit. Es kam ihm so lang vor wie die Zeit zwischen Ostern und Weihnachten. Er konnte nicht schlafen, weil er an die goldenen Schuhe denken musste. Alle, die Fußball mochten, kannten sie. Alle, die sie gesehen hatten, konnten eine Geschichte über sie erzählen. Und alle waren sich sicher gewesen, dass es *die* goldenen Schuhe waren. Nur die und keine anderen.

Niemand hatte gedacht, dass Opa sie vor Oles Haustür gestellt haben könnte. Außer Oles Mutter, aber die wollte ja nur, dass Ole weiter Blockflöte spielte und nicht zum Fußball ging.

Und er selbst natürlich. Weil er es nicht glauben wollte. So kurz vor dem Rückspiel sollten sie plötzlich dastehen und Ole zurückholen? Aber andererseits, wann sonst? Die goldenen Schuhe tauchten immer dann auf, wenn es brannte, und nicht einfach irgendwann.

Ole setzte sich auf. Er könnte sie sich doch einfach noch einmal anschauen.

Er legte sich wieder hin. Lieber nicht.

Oder doch?

Leise schlich er in die Küche, schob vorsichtig die Tür auf und linste Richtung Fensterbrett. Da standen sie und warteten. Warteten darauf, endlich von Ole erkannt zu werden und endlich an seinen Füßen Fußball spielen zu dürfen. Sie leuchteten stärker denn je. Langsam ging er zu ihnen und je näher er kam, umso mehr strahlten sie. Oder kam es Ole nur so vor?

Vorsichtig strich er über das goldene Leder. Es war weich und geschmeidig.

»Ich könnte sie doch mal anprobieren ...«, flüsterte Ole.

»Vollkommen unnötig!«, kreischte der Angstpeter in sein Ohr. »Wie soll dir ein Paar Schuhe gegen Hammerbruno helfen, hm?«

»Ich probier sie ja nur mal«, schimpfte Ole und schaffte es, nicht weiter auf den Angstpeter zu achten. Er nahm die Schuhe und setzte sich auf einen Stuhl. Andächtig öffnete er die Schnürsenkel. Er dachte an Bobo, Maci Leftfoot und den doppelten Ernst. Sollte er tatsächlich der Nächste sein, über den man sich eine Geschichte erzählen würde?

Die Schuhe passten wie angegossen. Wie für ihn gemacht. Langsam stieg ein leises Kribbeln von seinen Füßen in seine Beine und dann mitten in sein Fußballer-Herz.

Spiel, Ole, spiel!

Ole konnte nicht anders. Er schnappte sich seinen Fußball und lief, nur im Schlafanzug, aber mit leuchtenden Schuhen, auf die Wiese gegenüber. Der Ball klebte an seinen Füßen. Er konnte mit ihm machen, was er wollte. Dribbeln, stundenlang hochhalten, antäuschen. Ole flog über die Wiese, spielte Fußball im Mondlicht und fühlte sich so glücklich wie seit Langem nicht mehr.

Daniel Napp

Wie Kriminaloberhauptkommissar Meister die Robozzo-Brüder kassiert

Die Post hatte eine Belohnung ausgesetzt: 10 000 Euro und 95 Cent für die Ergreifung der Robozzo-Brüder. Neben den besten Detektiven des Landes fand sich natürlich auch der berühmte Kriminaloberhauptkommissar Meister in Bonn ein, um an der Besprechung im gläsernen Hochhaus der Deutschen Post AG teilzunehmen.

Die Männer nahmen an einem langen Tisch Platz. Am hinteren Ende saß der Vorstandsvorsitzende und erklärte die Sachlage. Hinter ihm an der Wand hing eine Landkarte, in der viele kleine rote Fähnchen steckten, sowie ein Phantombild von zwei Männern.

Der Schaden ging bereits in die Millionen! Innerhalb von zwei Wochen waren zwischen Leipzig und Frankfurt über fünfhundert gelbe Posttransporter überfallen worden. Die Räuber überraschten die Transporter meist an Baustellenampeln, zwangen die Fahrer zum Aussteigen und plünderten die La-

dung: Bargeld, Schmuck, Diamanten, Schecks und Schnaps-
pralinen – nichts war vor den Räubern sicher.

Nach der Beschreibung der Postangestellten kamen als Täter
nur die berüchtigten Robozzo-Brüder infrage. Kommissar
Meister war begeistert. Von der Belohnung wollte er drei Wochen Urlaub in der Karibik machen.

Unverzüglich gingen die Detektive an die Arbeit. Zuerst fuhren sie getarnt als Postangestellte die Transporter, um die Räuber auf frischer Tat zu ertappen. Ohne Erfolg. Die Robozzo-
Brüder überfielen jetzt die Briefträger. Also verkleideten sich

die Detektive als Briefträger und verteilten die Post. Da brachen die Robozzo-Brüder die Briefkästen auf. Zum Schluss verkleideten sich die Detektive als Briefkästen … Es war zum Verrücktwerden – denn jetzt raubten die Gangster wieder die Posttransporter aus!

Nach drei Wochen gab auch Kommissar Meister als einer der Letzten auf und fuhr zurück nach Berlin. Gegen die Robozzo-Brüder schien kein Pfeifenkraut gewachsen zu sein. Frustriert setzte er sich zu Hause vor den Fernseher, um 10 000 Euro Belohnung und drei Wochen Karibik zu vergessen. Zum Glück kam seine Lieblingsserie: Kommissar Haiphong räumt in Hongkong auf.

Heute war es besonders spannend. Kommissar Haiphong sollte eine Bande von Autoknackern überführen. Doch was die Polizei auch unternahm, immer waren die Autoknacker um einen Schritt voraus.

»Verfluchtes Räuberpack!«, murmelte Kommissar Meister und zündete sich seine Pfeife an.

Kurz vor Ende des Films hatte Kommissar Haiphong endlich die rettende Idee. Er stellte ein teures Cabriolet vor dem Bahnhof ab, ließ den Zündschlüssel stecken und kroch in den Kofferraum.

»Und jetzt – abwalten und Tee tlinken!«, sagte Kommissar Haiphong.

Dann wartete er ab und trank Tee. Und tatsächlich! Die dritte Tasse war noch nicht mal abgekühlt – da sprang der Motor an und der Wagen fuhr mit quietschenden Reifen davon.

Als die Bande das Auto in ihrer Räuberhöhle untersuchen wollte, startete Kommissar Haiphong einen Überraschungsangriff: Er sprang aus dem Kofferraum und streckte alle fünfzig Gangster mit einem einzigen gezielten Handkantenschlag nieder.

Kommissar Meister klatschte begeistert in die Hände! Er stellte sich vor, wie er aus einem Brief springen und die Robozzo-Brüder stellen würde … Da fiel ihm die Pfeife aus dem Mund. Er schlug sich gegen die Stirn. Natürlich! Jetzt wusste er, wie er die Robozzo-Brüder zur Strecke bringen würde.

Am nächsten Morgen fuhr Kommissar Meister wieder nach Leipzig. Auf der Rückbank lag ein Umzugskarton.

In Leipzig betrat er mit dem Karton die Hauptpoststelle und füllte einen Paketschein aus: An Dr. Handlanger, Deutsche Bank, Frankfurt. Außerdem klebte er einen großen, roten Aufkleber gut sichtbar neben den Empfänger: »VORSICHT! BARGELD!« Dann bezahlte er und kletterte in seinen Karton. Zum Schluss klebte die Frau am Schalter den Karton sorgfältig zu.

»Ab geht die Post!«, hörte man Kommissar Meister dumpf aus seinem Karton rufen.

Die Frau vom Schalter schob das Paket über die Rollen in den Lagerraum, und acht Stunden später ging die Post mit Kommissar Meister ab.

Kommissar Meister saß gemütlich in seinem Karton, während der Transporter mit seiner wertvollen Fracht über die Autobahn Richtung Frankfurt knatterte. Jetzt musste er nur noch warten, bis die Räuber sein Paket öffneten, dann würde er überraschend zuschlagen, genau wie Kommissar Haiphong.

»Abwalten und Tee tlinken!«, sagte Kommissar Meister zufrieden und nahm einen großen Schluck Schnaps aus seiner Feldflasche.

Wie ein Baby wurde Kommissar Meister in seinem Karton hin und her gewiegt, und recht bald fielen ihm die Augen zu. Er träumte davon, wie er in der Karibik tauchte und eine räuberische Schildkröte verfolgte. Gerade wollte er seinen Knüppel ziehen – da riss ihn eine Vollbremsung unsanft aus seinen Träumen.

Der Posttransporter hielt mitten auf der Autobahn vor einer roten Baustellenampel. Neben der Ampel standen breitbeinig zwei schwer bewaffnete Bauarbeiter. Die Robozzo-Brüder! Der Postfahrer bekam einen Presslufthammer an die Schläfe gesetzt und musste den Transporter öffnen. In seinem dunklen Karton zog Kommissar Meister die Kanone aus dem Gürtel.

Die Räuber begannen, sämtliche Briefe und Pakete aufzureißen. Als die Hälfte der Ladung geplündert war, kam ein großes Paket mit einem roten Aufkleber »VORSICHT! BARGELD!« zum Vorschein. Gierig schlitzte Bob Robozzo das Paket auf.

»Ha!«, Kommissar Meister sprang aus dem Karton!

Die Robozzo-Brüder ließen vor Schreck Presslufthammer

und Spitzhacke fallen. Kommissar Meister fackelte nicht lange und streckte die Gangster mit fünfzehn gezielten Handkanten- schlägen nieder. Nachdem er sie gefesselt hatte, zog er seine Hose hoch und rief: »Ab in die Karibik!«

»Kriminaloberinspektor Meister kann gar nicht in die Karibik fahren!«, beschwerte sich Susi.

»Kriminal-ober-haupt-kommissar Meister!«, verbesserte sie Peter Paul. »Und warum sollte er das nicht können?«

»Weil er die Belohnung noch gar nicht bekommen hat!«, sagte Susi.

»Ohne Geld kein Haarspray, ohne Geld keine Karibik!«, rief Tom triumphierend.

Pellepau bereitete die Spülung vor …

Kommissar Meister wusste, dass er die Robozzo-Brüder erst noch bei der Deutschen Post in Bonn abliefern musste. Ohne Räuber keine Belohnung, ohne Belohnung keine Karibik! Doch der Postlaster befand sich auf dem Weg nach Frankfurt …

»Verfluchtes Räuberpack!«, murmelte Kommissar Meister und steckte die Robozzo-Brüder in einen leeren Karton. Dann füllte er einen Paketschein aus: Kommissar Meister schickte die Räuber per Nachnahme für 10 000 Euro und 95 Cent nach Bonn an die Deutsche Post AG.

Zum Schluss füllte er noch einen zweiten Paketschein aus, kletterte zurück in seinen eigenen Karton und steckte sich eine Pfeife an. Beide Pakete wurden pünktlich an der Posthauptstelle ausgeliefert: Das Paket mit den Räubern ging nach Bonn, das mit Kommissar Meister zum Frankfurter Flughafen. Und zwei Wochen später stand in Jamaika ein rauchendes Paket vor dem Hotel San Coconut.

Sigrid Heuck

Kieselsteinfieber

Damals, als die Indianer noch wild und frei durch Amerika wandern konnten, lebte am Ufer des Elchflusses einmal ein Mann mit dem Namen John Miller. Weil er ziemlich groß war, nannten ihn die meisten Leute nur »Long John«. Bei den Indianern hieß er der »Tabakstinker«, weil er ständig Tabak kaute. Peggy und Tom, zwei Kinder aus einer Siedlung, waren seine einzigen Freunde.

»Warum gibt es hier keine Indianer mehr?«, fragte Peggy eines Tages den Tabakstinker. Sie hockte mit ihm und Tom vor dem kleinen Blockhaus, trank Himbeersaft und weil sie keine Gläser hatten, ging die Flasche immer reihum.

»Weil irgendjemand am Elchfluss Gold gefunden hat«, antwortete Long John.

»Was hat das denn mit den Indianern zu tun?«

»Die Leute, die flussaufwärts zogen und die Ufer durchwühlten, vertrieben das Wild. Weil die Indianer aber ohne Wild hungern müssen, versuchten sie, die Goldsucher wieder wegzu-

jagen. Da baten diese den großen weißen Vater in Washington um Hilfe und die Regierung schickte viele Soldaten mit Kanonen und befahl ihnen, die Indianer zu vertreiben.«

»Warum suchten denn die Indianer kein Gold?«, bohrte Peggy weiter.

»Weil es ihnen nichts bedeutete.«

»Und warum waren die Weißen so scharf darauf?«

»Das weiß ich auch nicht so genau. Jedenfalls zahlen die Banken viel dafür. Die Banken zahlen aber nur viel für etwas, wenn sie noch viel mehr dafür bekommen, wenn sie es weiterverkaufen. Aber vielleicht waren die Leute so verrückt nach dem Gold, weil die Suche danach ziemlich schwierig ist und man es nur selten findet. Es war immer schon so, dass alles, was selten vorkommt, besonders begehrt ist.«

»Ach«, rief Peggy da auf einmal, »jetzt verstehe ich auch, was der Vater meinte, als er kürzlich zu meiner Mutter sagte: Wenn er noch einmal jung wäre, würde er auf Goldsuche gehen. Das sei doch noch ein richtiges Abenteuer, bei dem man nebenbei reich werden könne.«

»So denken die meisten Menschen«, sagte der Tabakstinker.

»Du etwa nicht?«, fragte Tom.

»Nein.« Long John nahm einen tiefen Schluck aus der Himbeersaftflasche. »Nein, nicht mehr!«

»Warum nicht?«

»Weil ich gemerkt habe, dass es völlig egal ist, was man sucht, ob bunte Elchfluss-Kieselsteine, abgeworfene Hirschstangen, Schneckenhäuser, Pilze oder Gold. Die Suche ist das Spannende daran. Wenn Goldkörner überall auf der Straße herumlägen, würde sich sicher niemand nach ihnen bücken. Nur weil man sie so schwer findet, sind die Leute so gierig nach ihnen.«

Die Kinder schwiegen eine Weile und dachten darüber nach.

»Aber Elchfluss-Kieselsteine liegen doch auch in Massen am Ufer herum«, sagte Peggy.

»Ja, wenn du irgendwelche meinst, hast du recht. Aber wenn du nur solche suchst, in die die Strömung ein Loch gewaschen hat, damit du sie auffädeln kannst, dann wird es schon spannender.«

»Du meinst also, dass die Suche nach so einem durchlöcherten Kieselstein genauso aufregend sein kann wie die nach Gold?«, rief Tom.

»Genau das«, bestätigte der Tabakstinker.

»Warum fangen wir dann nicht gleich damit an?« Wenn bei Tom etwas nach Abenteuer roch, war er gleich Feuer und Flamme.

»Also gut.« Ächzend erhob sich Long John. Er hatte an diesem Nachmittag eigentlich vorgehabt den Stall auszumisten, aber wenn die Kinder unbedingt Kieselsteine suchen wollten, dann ging das eben vor. Also machten die drei sich auf und liefen zum Elchfluss hinunter.

»Nur kleine Steine«, rief Peggy Tom zu, der schon eifrig mit einem Stock im Kies herumstocherte. »Und durchlöchert müssen sie sein. Ich mache mir dann eine Kette daraus und hänge sie mir um den Hals.«

Der Tabakstinker fand den ersten. Er war zartrosa, so wie der Schal, den Peggys Mutter am Sonntag umlegte, wenn sie in die Kirche ging. Peggy freute sich sehr.

Sie bewegten sich langsam flussaufwärts, stocherten in den Kiesbänken herum, bückten sich, hoben einen Stein auf und warfen ihn wieder weg, sahen sich suchend um und bückten sich abermals.

Dem Sheriff, der mit ein paar anderen Männern gerade auf

Entenjagd war und die drei beobachtete, erschien dieses Verhalten unerklärlich und geheimnisvoll. Er hielt es deshalb für angebracht, sofort nachzufragen, nach was da gesucht wurde und ob das Gesuchte vielleicht so wertvoll sei, dass man es für den Staat beschlagnahmen müsse.

»Gibt's da etwa Gold?«, fragte er den Tabakstinker.

»Beim heiligen Elch und seiner Frau – nein«, antwortete Long John lachend. »Wir suchen Elchfluss-Kiesel, die von der Strömung durchlöchert worden sind. Peggy will sich eine Kette daraus machen.«

»So ein Blödsinn!«, sagte der Sheriff kopfschüttelnd. »Die liegen doch in Massen hier herum.«

»Wo denn, wo denn?«, schrie Peggy aufgeregt.

»Na hier.« Der Sheriff hob einen Stein hoch, aber er hatte kein Loch.

»Dann aber dort.« Auch das war ein ganz gewöhnlicher Kieselstein.

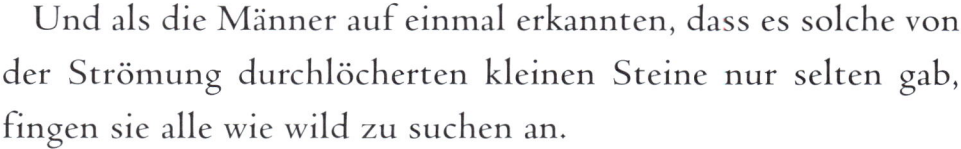

»Da hinten liegt einer.« Dieser Stein hatte zwar ein Loch, aber er war viel zu groß.

Und als die Männer auf einmal erkannten, dass es solche von der Strömung durchlöcherten kleinen Steine nur selten gab, fingen sie alle wie wild zu suchen an.

»Jetzt haben sie das Elchfluss-Kieselsteinfieber«, murmelte der Tabakstinker in seinen Bart und zog sich den Schlapphut tiefer ins Gesicht, damit niemand sehen konnte, dass er lachen musste.

An diesem Abend lebten ein paar Enten mehr, weil die Männer keine Zeit gefunden hatten, sie zu schießen. Und Peggy besaß vier schöne pastellfarbene Kieselsteine mit einem Loch in der Mitte. Sie fädelte sie auf und hängte sich die Kette um den Hals, als sie am Sonntag in die Kirche ging.

Doch als ihr Vater das nächste Mal zu ihrer Mutter sagte, wenn er jünger wäre, würde er auf Goldsuche gehen, weil das so abenteuerlich sei, erklärte ihm Peggy: »Elchfluss-Kiesel tun es auch.«

Thomas Fuchs

Der Florastraßen-Grand-Prix

»Papa, darf ich helfen?«, fragte Lou.

Der Papa von Frederik und der von Lou bauten am Baumhaus. Wie in den letzten Tagen auch.

»Nein! Zu gefährlich!«, antwortete Lous Papa. Wie in den letzten Tagen auch.

»Papa, bitte! Lass uns doch!«, bettelte Frederik.

Frederiks Papa winkte genervt ab. »Das ist viel zu kompliziert für Kinder. Ihr dürft da später drin spielen«, sagte er. Wie in den letzten Tagen auch.

»Jetzt lasst doch die Kinder endlich mithelfen!«, rief die Mama von Jan. Das war neu – half aber auch nichts!

»Geht leider nicht! Wir müssen sägen und so! Alles viel zu gefährlich!«

»Aber das sollte doch für die Kinder …«, setzte die Mama von Leonard an.

Doch Frederiks Papa bügelte sie ab: »Verflixt noch mal. Jetzt machen wir uns schon die Mühe, in unserer Freizeit für die Kinder das Baumhaus hier zu bauen. Ist es da denn wirklich zu viel verlangt, wenn wir dabei etwas Ruhe haben wollen? Frederik, Lou, spielt doch Lego oder holt euch die Rennbahn aus dem Keller hoch.«

»Ich will aber helfen!«, beharrte Frederik.

»Frederik, nerv nicht!«, schrie sein Papa.

»Und das gilt auch für dich, Lou!«, schimpfte dessen Vater.

»Wisst ihr was!«, rief Lou sauer. »Ihr könnt euer Baumhaus behalten! Ich will gar nicht mehr helfen. Doofes Baumhaus!« Er stampfte mit dem Fuß auf, rannte um die Hausecke und war weg.

Leonard, der das Ganze – wie alle im Haus – zufällig mit angehört hatte, fand die Idee von Frederiks Papa mit der Autorennbahn gar nicht so schlecht. Er rieb sich die Hände. »Wir können doch zusammenlegen!«

»Wie zusammenlegen?«, fragte Lena.

»Na ja, ganz einfach. Ich hab eine Rennbahn, du hast eine, Frederik hat noch eine und Carlo doch auch.«

»Ich hab sogar die große Acht!«, warf Carlo stolz ein. »Und den Looping!«

»Wir bauen alle Rennbahnen zusammen«, Leonard war ganz

aufgeregt, »und haben eine Riesenstrecke! Wenn das nicht cool wird!«

Vierzig Geraden, vier Kreuzungen, zwei Steilwandkurven, sechzig normale Kurventeile, vier Rundenzähler und acht Loopings fanden sich in den Wohnungen und Kellern. Die Kinder einigten sich, wie die Bahn ungefähr verlaufen sollte, und dann machten sie sich ans Zusammenbauen. Er dauerte sehr, sehr lange, bis sie fertig waren. Aber das Ergebnis konnte sich sehen lassen: Sicher zwanzig Meter lang war ihre Piste.

»Ich bin dafür, dass wir den Kurs den Florastraßenring nennen!«, rief Paula und klatschte in die Hände. »Anfangen, anfangen, anfangen.«

Leonard und Frederik durften zuerst an die Drücker, weil sie die meisten Teile gestellt hatten. Leonard mit seinem roten

Lieblingsferrari, Frederik mit seinem grauen Aston Martin. Es ging los! Doch die beiden Rennautos bewegten sich nicht. Irgendetwas stimmte nicht. Die Kinder überprüften die Strecke Zentimeter für Zentimeter und steckten etliche Teile neu zusammen. Zweiter Versuch. Doch noch immer ruckelten die Autos nur ein wenig. Also probierten sie andere Automodelle aus. Aber wieder kein Erfolg.

Leonards Mama wusste Rat: »Baut doch noch weitere von diesen Stromdingern ein. Wahrscheinlich braucht ihr einfach mehr Saft! Ist doch auch eine gigantische Strecke, die ihr da gebaut habt.«

»So ein Quatsch!«, bügelte Leonard seine Mutter ab. »Mama, du hast echt keine Ahnung.«

»Ja, ja, Frauen und Technik!«, ergänzte Carlo.

Doch groß war die Strecke in der Tat: Der Startpunkt befand sich in der Nähe des Tischs beim Sandkasten, dann ging es über zwei Loopings rüber zum Sandkasten in die erste Steilkurve. Von dort führte der Kurs über eine lange Gerade – mit zwei Kreuzungen zum Überholen – in eine lang gezogene 90-Grad-Kurve und in den nächsten Looping. Daran schloss sich eine Art Küstenstraße an, lauter kleine, bissige Haarnadelkurven. Dazwischen waren immer mal wieder Kreuzungen zum Überholen. Anschließend musste man die Rennwagen über die nächste lange Gerade rüber zum Haselnussstrauch lenken. Mitten im Busch – sodass man die Autos ein Stück blind fahren musste – kam erneut eine Steilkurve. Dann wieder eine Gerade mit Looping. Von dort führte ein großer Bogen zurück zum Sandkasten.

Über die Idee von Leonards Mama wurde erst einmal herzlich gelacht. Doch nachdem alle anderen Reparaturversuche gescheitert waren, bauten die Kinder trotzdem und nur mal probehalber eine zusätzliche Stromversorgung ein. Und siehe da, die Autos fuhren! Zwar langsam, aber immerhin. Eilig schalteten sie auch noch die Netzteile von Carlo und Frederik dazwischen und endlich konnte es losgehen. Die Motoren jaulten und man musste beim Gasgeben echt vorsichtig sein. Einmal zu viel gedrückt und das Rennauto landete im Rasen.

»Hoffentlich halten das die Motoren aus«, unkte Leonard.

»Wird schon«, beruhigte Paula ihn.

Wie bei einem echten Formel-1-Rennen verteilten sich die Nichtfahrer entlang der Strecke. Das war ganz praktisch, weil so konnten die Zuschauer im Bedarfsfall die Autos wieder auf die Piste setzen. Besonders bei den Loopings und der ersten Kurve nach dem Haselnussstrauch war das anfangs in fast jeder Runde nötig.

Die Kinder einigten sich auf einen Trainingsplan und für acht Uhr am Abend wurde dann der Start festgesetzt. Der Start zum großen Rennen. Der Gewinner wäre dann Florastraßenmeister.

Auch ein paar Mamas hatten sich in den Trainingsplan eingetragen. Als sich die Kinder beschwerten, weil die Rennbahn ihr Spiel war, meinte Lenas Mama: »Wenn ihr uns nicht lasst, dann …«

»Was dann …?«, fragte Lena.

»Dann sind wir traurig. Und traurige Eltern machen nur noch traurige Unternehmungen mit ihren Kindern. Dann gehen wir ins Tapetenmuseum.«

»Oder in die Porzellansammlung im Schloss!«, ergänzte die Mama von Felix.

»Schön wäre auch ein allgemeiner Aufräumtag. Alle Kinder räumen erst ihr Zimmer auf, dann säubern wir zusammen das Treppenhaus und der Bürgersteig könnte auch einmal wieder gefegt werden …« Lenas Mama schien noch mehr solcher Vorschläge parat zu haben.

Deshalb lenkte Lena schnell ein: »Okay, ihr dürft mitspielen. Aber das ist Erpressung!«

»Tja, Lena, manchmal lernen auch Eltern etwas von ihren Kindern.« Ihre Mama grinste.

Also durften auch die Mütter trainieren. Und weil sie und die Kinder mit der Rennbahn ganz offensichtlich viel Spaß hatten, kamen auch die Papas zu ihnen. Einer nach dem anderen – bis auf Frederiks Papa, der zimmerte eisern drüben am Baumhaus weiter.

Die kleinen Rennwagen zischten über die Piste, es roch nach Reifengummi und die Köpfe der Zuschauer folgten den vorbeirasenden Rennwagen. Viel anders konnte die Stimmung bei einem echten Autorennen auch nicht sein!

»Hab dich!« – »Von wegen, wer keine Kurven fahren kann, sollte nicht in einen Ferrari steigen!« – »Kann mich endlich wieder jemand auf die Piste setzen?« – »Schade, dass Nelli nicht da ist!« – »Ätsch, Erster!« – »Neuer Streckenrekord!« – »Das war gemogelt!« So oder so ähnlich tönte es den ganzen Nachmittag und frühen Abend im Garten der Florastraße 12.

Und schließlich ging es an den Start und das große Rennen be-  gann. Es wurde in zwei Gruppen gegeneinander gefahren: die unter Siebenjährigen und die Senioren, zu denen alle über sieben gehörten. Das Los bestimmte Frederik und Carlos Papa zu den ersten Fahrern. Anfangs waren sie gleichauf, doch vor der zweiten Steilkurve konnte Frederik den roten Ferrari schneiden und die schnellere Außenbahn ergattern. Den so gewonnenen Vorsprung rettete er ganz knapp ins Ziel.

Dann fuhren die Mama von Julian und der Papa von Lou gegeneinander.

Beide flogen im Haselnussstrauch raus, wurden aber von ihren Helfern schnell wieder auf die Strecke zurückgesetzt. Trotzdem gewann Julians Mama mit mehr als fünf Metern Vorsprung.

»Das war unfair! Ihr habt meinen Wagen viel langsamer zurückgeholt.« Lous Papa pfefferte sauer den Temporegler auf die Wiese und ging zum Baumhaus.

»Tja, manche Männer können einfach nicht verlieren!«, lästerte Sabine, die Mama von Felix.

Nun traten Lucie und Jan gegeneinander an. Lucie hatte nicht den Hauch einer Chance. Aber das störte Lucie nicht. Für sie war es heute das erste Mal, dass sie überhaupt an die Rennbahn durfte. Sonst war sie von ihrem älteren Bruder mit den Worten »Du machst doch alles nur kaputt!« immer weggeschoben worden. Was spielte es da für eine Rolle, wer gewann? Lucie war glücklich, dass sie dabei sein durfte.

Lena schlug Paula und rief: »Schade, dass Nelli nicht da ist!«

Im Gegenzug gewann Paulas Papa gegen Lenas Mama und so ging es Schlag auf Schlag weiter.

Carlo gelangte als Erster in die dritte Runde, wobei es wirklich nicht sonderlich schwer war, die Mama von Leonard zu besiegen. Sie flog schon im ersten Looping von der Strecke. Aber nicht weil sie zu schnell, sondern weil sie zu langsam fuhr. Ihr Auto tropfte förmlich aus der Schleife.

»Wie im richtigen Leben«, seufzte Leonards Papa. »Meine Frau ist der einzige Mensch, den ich kenne, der einen Strafzettel fürs Zu-langsam-Fahren bekommen hat.«

»Quatsch!«, verteidigte die sich. »Außerdem, wer von uns beiden hat denn bisher mehr Unfälle verursacht? Ich keinen ...«

Ihr Mann räusperte sich. »Schon gut.«

Dass Carlo verschwand, fiel in dem Durcheinander niemandem auf. Er sah kurz beim Baumhausbauplatz vorbei, dann machte er einen Bogen durch den hinteren Teil des Gartens, anschließend eilte er ins Treppenhaus. Auch dort fand er nicht, was er suchte. Ebenso wenig in den Wohnungen, die Türen waren ja offen. Im Fahrradkeller aber hatte er schließlich Erfolg: Dort saß Lou im Anhänger des Mountainbikes von Julians Papa und weinte. Sein Haare sahen noch verwuschelter aus als sonst. Carlo schien es, als sei der ganze Lou verwuschelt.

»Warum fährst du nicht mit Autorennen?«, fragte Carlo, der als Einziger bemerkt hatte, dass Lou seit dem Streit mit seinem Papa nicht mehr aufgetaucht war.

»Hau ab!«

»Erst wenn du mitkommst.«

»Lass mich allein!«

»Was hast du denn?«

Lou schwieg.

»Sitzt du schon lange hier?«, fragte Carlo nach einer Weile.

Lou nickte und flüsterte: »Aber scheint ja niemanden zu stören. Sonst hätten sie mich ja vermisst.«

»Wen meinst du …?«

»Mama, Papa, die anderen.« Lou schniefte und sah Carlo an, so als würde ihm jetzt erst klar werden, wer da vor ihm stand. »Warum bist *du* eigentlich hier?«

»Nicht dass du dir da jetzt was einbildest!« Carlo räusperte sich. »Pass auf, ich habe fest vor, da draußen zu gewinnen. Und wenn ich auf dem Weg zum Sieg nicht auch dich rausgeboxt habe, dann ist das kein echter Sieg.«

»Also, ist nur das der Grund?«

»Garantiert. Glaub ja nicht, ich würde dich plötzlich vermissen.«

»Hätte mich auch gewundert«, erwiderte Lou.

»Also, du Schwachkopf, kommst du nun mit?«, forderte Carlo den Kleineren auf. »Oder muss ich dich hochprügeln?«

»Aber du hast eh keine Chance gegen mich, das weißt du!« Lou stand auf und grinste.

»Wisch dir lieber die Tränen weg. Sonst heißt es wieder, ich hätte dich geschlagen.«

»Davon träumst du!« Lou richtete sich auf. »Gehen wir?«

»Gehen wir.«

So wie Lous Verschwinden niemandem außer Carlo aufgefallen war, so bemerkte auch niemand sein plötzliches Wiederauftauchen. Mühelos besiegte er kurze Zeit später Lena. Und das, ohne die Strecke jemals Probe gefahren zu haben!

Bei den Kleinen wurde schließlich Felix Gruppensieger. Allerdings gähnte er mehr, als dass er jubelte. Also legten die Rennfahrer eine Pause ein und alle unter sieben wurden schnell ins Bett gesteckt. Es waren zwar Ferien, aber die Uhr zeigte schon nach zehn.

Bis es im Garten weiterging, hatten die Papas die Strecke mit Stehlampen ausgeleuchtet. Fliegen tanzten im Lichtkegel.

Am Ende war tatsächlich Carlo der Gewinner.

In einem hochdramatischen Halbfinale hatte er Lou geschlagen. Das Rennen zwischen den beiden war das beste des ganzen Abends gewesen. Bis zum Sandkasten führte Carlo, dann gab es immer wieder wilde Überholmanöver und die Küstenstrecke waren beide mit Affenzahn entlanggeflitzt. Doch plötzlich war Carlos Aston Martin in der Steilkurve rausgeflogen. Lou hatte den Sieg praktisch schon in der Tasche, aber tragischerweise plumpste er kurz vor dem Ziel auch noch raus. Auf einem Streckenabschnitt, auf dem man eigentlich gar nicht rausplumpsen konnte. Und so wurde Lou schließlich doch noch von Carlo in der lang gezogenen Kurve kurz vorm Ziel überholt. Zur allgemeinen Überraschung schien das Lou überhaupt nicht zu stören, er gratulierte Carlo sogar. Und: Es sah richtig herzlich aus!

»Was denn, ich dachte ihr …?«, wunderte sich Lous Mama.

»Sind wir auch!«, unterbrach ihr Sohn sie. »Aber auch seinen Feinden kann man doch Respekt zollen!«

Michael Ende

Der Teddy und die Tiere

Es war einmal ein netter alter Teddybär namens Washable. Dieses Wort hatte auf einem kleinen Schildchen gestanden, das der Bär am Ohr hängen hatte, als er noch ganz neu war. Deshalb hatte das Kind, dem er gehörte, ihn so genannt. Aber das war lange her. Das Kind ging jetzt in die Schule und war schon viel zu groß, um noch mit Teddybären zu spielen. Auch an Washable waren die Jahre nicht spurlos vorübergegangen. Er hatte an manchen Stellen Flicken aufgenäht und sein Fell war vom häufigen Waschen und Kämmen ziemlich abgenutzt. So saß er nun also die meiste Zeit auf seinem Ehrenplatz in der Sofaecke und guckte geradeaus vor sich hin. Aber Tag und Nacht nur immer auf einem Ehrenplatz sitzen, ist auch nicht gerade lustig, und deshalb tanzte Washable manchmal ganz für sich allein ein wenig herum. Aber nur, wenn ganz bestimmt niemand zusah. Sonst hätte er sich geniert, denn er war ein bisschen ungeschickt – eben wie alle Teddybären.

Als Washable eines Tages wie immer in seiner Sofaecke saß, summte eine Fliege im Zimmer herum und setzte sich schließlich auf seine Nase. »Hallo!«, sagte sie.

»Hallo!«, antwortete Washable und schielte auf die Fliege.

»Wie geht's?«, wollte die Fliege wissen.

»Ich sitze hier«, sagte er.

»Das sehe ich selbst«, summte die Fliege, »aber wozu?«

»Einfach so«, sagte Washable.

Die Fliege zwirbelte ihre Vorderbeine. »Aber du musst doch zu irgendetwas da sein«, meinte sie.

»Nö«, sagte Washable. »Ist das denn wichtig?«

»Und wie!«, summte die Fliege. »Jeder ist doch zu etwas auf der Welt. Ich zum Beispiel bin dazu da, um herumzufliegen und an allem zu lecken. Kannst du herumfliegen und an allem lecken?«

»Nö«, brummte Washable.

»Also so was!«, summte die Fliege spöttisch. »Der weiß nicht mal, wozu er da ist. Du bist dumm, ganz einfach furchtbar dumm!« Sie wirbelte um seinen Kopf herum und summte in einem fort: »Dumm – dummdumm – ohne Sinn – sinnsinn …« Und dann flog sie fort.

Der alte Teddybär be-
gann nachzudenken.
»Na ja«, sagte er zu
sich selbst, »vielleicht
bin ich ja wirklich
zu dumm für so eine
schwierige Frage.
Ich werde mal ein
bisschen herumfragen.
Vielleicht finde ich wen, der mir sagen kann, wozu ich da bin.«
Er rutschte vom Sofa herunter und wackelte los. Als er an der
Kellertreppe vorbeikam, begegnete er einer Maus. »Hallo«,
sagte der Teddy freundlich, »ich heiße Washable und wüsste
gern, wozu es mich eigentlich gibt.«

Die Maus richtete sich auf den Hinterpfoten auf und betrachtete ihn von oben bis unten. »Das einzig Sinnvolle«,
piepste sie geziert, »ist es, schlau zu sein, sich nicht fangen zu
lassen und Käse und Speck zu organisieren, um die Familie zu
ernähren. Kannst du eine Familie ernähren?«

»Nö«, sagte Washable.

»Armer Kerl«, seufzte die Maus, »dann weiß ich allerdings
auch nicht, wozu du auf der Welt bist.« Und sie verschwand in
ihrem Loch.

Washable zuckte die Achseln und ging aus dem Haus.

Vor der Tür lag ein kleiner Garten, in dem viele Blumen

blühten. Der Teddybär setzte sich ins Gras und sah einer Biene zu, die eifrig herumflog. »Du, hör mal …«, sagte Washable, »ich hätte da mal eine Frage …«

»Keine Zeit, keine Zeit!«, summte die Biene und flog eilig zur nächsten Blume.

»Weißt du vielleicht, wozu man da ist?«, fragte Washable.

»Selbstverständlich«, sagte die Biene. »Das lernt man doch schon als Bienenlarve. Man ist dazu da, um fleißig zu sein – immer beschäftigt, immer tätig, niemals faulenzen, verstehst du das denn nicht?«

»Fleißig sein?«, fragte Washable. »Wie geht denn das?«

»Honig sammeln, Waben bauen, dem Wohl des Staates dienen – kannst du das denn nicht?«

»Nö«, antwortete Washable.

Da wurde die Biene zornig. »Ich habe keine Zeit für solche Taugenichtse wie dich. Mach, dass du wegkommst, und lass mich arbeiten, sonst steche ich dich.«

Darauf wollte es der Bär lieber nicht ankommen lassen. Darum ging er schnell fort.

Als er auf die Straße hinauskam, begegnete er einem Mistfink, der gerade in einer schmutzigen Pfütze sein Bad nahm.

»He, du«, zwitscherte der Mistfink, »was guckst du so blöd? Hast du noch nie gesehen, wie jemand badet?«

»Doch«, antwortete Washable, »ich bin auch oft gebadet worden, aber ich hab dabei nie so rumgespritzt wie du.«

»Das geht dich gar nichts an«, sagte der Mistfink. »Was willst du überhaupt von mir?«

»Ich möchte wissen, wozu ich da bin.«

»Wozu du da bist, ist mir piepegal. Aber ich geb dir einen guten Rat, Kumpel. Mach's wie ich und kümmere dich einfach nicht um solche blöden Fragen. Lass dir nichts gefallen und sei frech wie Oskar, dann kommst du überall durch. Das ist das Einzige, worauf es ankommt.«

Washable dachte eine Weile nach, dann schüttelte er den Kopf und seufzte: »Ich muss aber doch wissen, wozu ein alter Teddybär da ist.« Da lachte der Mistfink ihn einfach aus und flog fort.

Washable stapfte in Gedanken versunken die Straße entlang und kam in einen Park. Mitten im Park lag ein blauer See. Auf den glitzernden Wellen zog ein Schwan mit herrlichem weißen Gefieder seine Kreise. »Du bist aber schön«, sagte Washable bewundernd.

»Ich weiß«, schnarrte der Schwan und stellte die Flügel auf, dass sie wie gebauschte Segel aussahen.

»Und wozu bist du da?«, wollte Washable wissen.

»Welch törichte Frage!«, antwortete der Schwan erhaben. »Der wahre Sinn des Daseins ist die Schönheit, einzig und allein die Schönheit. Was sonst?« Er betrachtete eine Weile wohlgefällig sein Spiegelbild im Wasser und fuhr dann fort: »Ich erfülle diese höchste Aufgabe. Und du?«

Washable betrachtete ebenfalls sein eigenes Spiegelbild im Wasser und sagte dann ehrlich: »Nö.«

»Nun denn«, meinte der Schwan und lächelte hochmütig, »dann bist du wohl tatsächlich überflüssig.« Damit zog er wieder auf den See hinaus und würdigte den alten Teddy keines Blickes mehr.

Auf der anderen Seite des Sees begann der Wald, und dorthinein ging Washable jetzt. Nach einer Weile begegnete er einem Kuckuck, der auf einem Ast saß und immerfort das Gleiche rief. »Was machst du da?«, fragte Washable.

»Ich zähle, unterbrich mich nicht«, antwortete der Kuckuck. »65 – 66 – 67 …«

»Und was zählst du?«

»Ich zähle alles, was es gibt: die Bäume, die Blätter, die Tannenzapfen, die Tage und die Stunden und so weiter. Alles eben. Unterbrich mich nicht. 68 – 69 – 70 …«

»Hat das denn einen Sinn?«, fragte Washable.

»Und ob!«, antwortete der Kuckuck. »Bei allem kommt es nur auf die Zahl an. Was man zählen kann, ist wirklich. Was man nicht zählen kann, das zählt nicht. 71 – 72 – 73 …«

»Ach«, sagte Washable hoffnungsvoll, »könntest du mich dann vielleicht zählen?«

»Gern«, meinte der Kuckuck, »stell dich mal in einer Reihe auf.«

»Das kann ich nicht«, gab Washable zu. »Ich bin bloß ich.«

»Dann zählst du nicht«, sagte der Kuckuck. »Und nun unterbrich mich nicht länger.« Er flog fort und aus der Ferne hörte man ihn wieder mit Zählen anfangen, wer weiß was.

Der alte Teddybär ging noch tiefer in den Wald hinein, der immer dichter und dunkler wurde. Lianen und andere Schlingpflanzen hingen von den riesigen Bäumen herunter und versperrten ihm den Weg. Es war ein richtiger Dschungel. Über ihm in den höchsten Zweigen turnte lärmend und kreischend eine Schar Affen herum.

Als sie den Teddybären sahen, verstummten sie plötzlich. Der Oberaffe kam vom Baum herunter und baute sich vor Washable auf. »Was willst du denn hier?«, fragte er und fletschte die Zähne.

»Ich wollte nicht stören«, sagte Washable höflich, »ich suche nur jemand, der mir sagen kann, wozu unsereins da ist.«

Alle Affen begannen durcheinanderzuschnattern: »Er will wissen, wozu unsereins da ist … Er will wissen, wozu unsereins da ist.«

»Ruhe!«, brüllte der Oberaffe und fletschte die Zähne. Als es wieder still war, sagte er: »Der einzige Zweck des Daseins ist es, irgendetwas zu gründen, einen Verein, einen Klub, ein Komitee, eine Partei – irgendeine Gemeinschaft eben. Wir jedenfalls machen das immerzu.«

»Warum?«, fragte Washable.

»Weil es wichtig ist«, erklärte der Oberaffe, »dass einer kommandiert und die anderen gehorchen. Sonst geht alles drunter und drüber.

Jeder muss seinen genauen Platz über oder unter einem anderen haben, damit man weiß, was er wert ist. Kannst du kommandieren oder gehorchen?«

»Nö«, sagte Washable.

»Dann kannst du bei uns nicht eintreten«, schrie der Oberaffe. Die anderen Affen begannen mit allem Möglichen nach Washable zu schmeißen und er wackelte eilig weiter.

Gleich hinter dem Urwald lag eine weite Steppe und mitten auf der Steppe stand eine Gruppe von Elefanten, die in ernste Gespräche versunken waren. Sie hatten weise Gesichter und bewegten sich sehr würdevoll.

»Verzeihung«, sagte Washable ein bisschen eingeschüchtert, »könnt ihr mir vielleicht sagen, wozu es einen gibt?«

Die Elefanten umringten ihn und schauten mit gerunzelter Stirn auf ihn herunter. »Das«, sagte einer, »ist eine sehr tiefe Frage. Wir denken schon längere Zeit darüber nach.«

»Und?«, fragte Washable erwartungsvoll. »Habt ihr's rausgekriegt?«

»Tiefe Fragen«, meinte ein anderer, »müssen gründlich bedacht werden. Man darf nichts überstürzen. Deshalb besteht der Sinn des Daseins vorläufig darin, über den Sinn des Daseins nachzudenken.«

»Aber«, wandte Washable ein, »das kann ja ewig dauern. Ich weiß nicht, ob ich so haltbar bin.«

»Nun«, ließ sich ein dritter Elefant vernehmen, »immerhin hast du doch eine ewige Seele wie alle lebenden Geschöpfe, nicht wahr? Oder was hast du in deinem Inneren?«

»Ich hab noch nicht nachgesehen«, gab Washable zu. »Aber ich glaube, Sägemehl oder Schaumstoff oder so was.«

»Dann bist du ja gar kein richtiges Geschöpf«, sagte der erste Elefant streng. »Dann bist du bloß ein künstlicher Gegenstand ohne Seele und Geist. Wenn du zu nichts mehr gut bist, dann sollte man dich wegwerfen.«

Da wurde der arme alte Teddybär zum ersten Mal richtig traurig, obwohl er nur Sägemehl oder Schaumstoff in sich hatte. Wenn er auch keine besonderen Ansprüche stellte, aber einfach weggeworfen wollte er nicht werden. Er trottete davon und hatte eigentlich keine große Lust mehr, noch irgendjemanden zu fragen.

Die Steppe wurde immer steiniger und immer sandiger und Washable war müde. Er setzte sich mit dem Rücken gegen einen Felsen und ließ sich die Sonne auf seinen geflickten Bauch scheinen. Da hörte er plötzlich ganz in der Nähe eine zischelnde Stimme: »He, Dickerchen, was für eine hübsche Überraschung!«

Er drehte sich um und sah eine große Klapperschlange auf dem Felsen liegen, die ihn mit glitzernden Augen fixierte. Er wollte schnell weglaufen, aber er konnte sich nicht mehr bewegen.

»Nur schön ruhig bleiben, mein Kleiner«, züngelte die Schlange, »sonst werde ich nervös.« Und langsam, ganz langsam kroch sie auf ihn zu. »Na, mein Süßer?«, zischelte sie, als sie direkt vor ihm lag. »Du kommst mir gerade recht. Du gefällst mir.«

»D…d…danke«, stammelte Washable, »aber ich muss leider gleich weiter.«

»So? Wohin denn so eilig?«

»Ich muss herausfinden, wozu es mich gibt.«

Die Schlange lächelte auf eine ziemlich unerfreuliche Art.

»Aber das ist doch kein Problem. Leute wie du sind dazu da, um von Leuten wie mir verdaut zu werden. Ich habe ausgesprochenen Appetit auf dich, Dickerchen. Du bist doch essbar, nicht wahr?«

»Ich hoffe nicht«, antwortete Washable. »Ich habe nur Sägemehl oder Schaumstoff in mir.«

»So?«, sagte die Schlange enttäuscht. »Na, dann taugst du wirklich zu nichts. Ich muss mir wohl was anderes suchen.« Und sie glitt grußlos davon.

Washable atmete auf und lief weiter, so schnell ihn seine kurzen Beinchen trugen. Er ließ die Wüste hinter sich und kam wieder auf eine Wiese. Weil er Seitenstechen bekam, blieb er stehen. Und da sah er vor sich an den Zweigen eines Strauches ein kleines schimmerndes Paketchen aus Seidenfäden baumeln. Und während er noch hinguckte, platzte das Paketchen auf und heraus zwängte sich ein Schmetterling, der wundervolle, farbenprächtige Flügel im Sonnenlicht entfaltete. »Du«, sagte Washable bewundernd, »das war aber wirklich toll! Wie hast du das denn gemacht?«

»Einfach so«, lispelte der Schmetterling. »Erst war ich ein Ei, dann wurde ich eine Raupe, dann habe ich mich verpuppt und nun bin ich ein Schmetterling. Dazu ist man doch auf der Welt: Um sich höherzuentwickeln. Kannst du dich denn nicht höherentwickeln?«

»Nö«, sagte der Teddybär.

»Wozu gibt es dich dann?«, fragte der Schmetterling und segelte davon, ohne auf eine Antwort zu warten.

»Eben«, murmelte Washable, »das möchte ich nun langsam auch gern wissen.«

In diesem Augenblick kam ein kleines Mädchen des Weges, das ging barfuß und hatte ein geflicktes Kleidchen an, weil seine Eltern zu arm waren, um ihm ein neues zu kaufen. Als es den alten Teddybär sah, blieb es stehen, schaute ihn mit großen Augen an und fragte: »Wie heißt du denn?«

»Washable«, sagte Washable.

»Du bist ein Teddybär, nicht wahr?«, fragte das Mädchen. »Ich hab noch nie einen Teddybären gehabt. Willst du mir gehören?«

»Gern«, sagte Washable und fühlte, wie ihm ganz warm ums Herz wurde, obwohl sein Inneres nur aus Sägemehl oder Schaumstoff war. Und das kleine Mädchen nahm ihn in den Arm und gab ihm einen Kuss auf die Nase.

Von nun an hatte Washable wieder jemand, dem er gehörte. Und beide waren glücklich. Aber das ist noch nicht der Schluss der Geschichte. Nach ein paar Tagen kam nämlich die lästige Fliege wieder zu Washable. Kaum hatte sie ihn entdeckt, da begann sie sofort um seinen Kopf herumzuschwirren und in einem fort zu summen: »Wozu bist du überhaupt da? Du bist dumm – dummdumm – ohne Sinn – sinnsinn …«

Aber diesmal wusste Washable die richtige Antwort: Patsch!

Christian Tielmann
Autoverrückt

Florian Flottbek kam aus einer wirklich verrückten Familie. Sein Uropa war verrückt nach Autos. Seine Oma war verrückt nach Autos. Sein Papa war verrückt nach Autos. Und Florian selbst war auch nicht viel besser. Das war stadtbekannt und kein Problem. Aber eines sonnigen Samstags, als die vier autoverrückten Flottbeks gerade zu einer schönen Spazierfahrt durchs Grüne aufbrechen wollten, sagte Florians Mutter: »Wenn ihr sowieso nur durch die Gegend kurvt, dann könnt ihr auch eben noch Tante Elke nach Hause fahren.«

Es war stadtbekannt, dass die Flottbeks hilfsbereite Menschen waren, die gut und gerne eine ganze Herde Schafe, zwei Klassen voll Schüler und an die dreißig Damen und Herren aus der näheren und ferneren Verwandtschaft jederzeit und gerne nach Hause fuhren. Das war kein Problem. Aber musste es an diesem sonnigen Samstag ausgerechnet Tante Elke sein?

Tante Elke hasste Autos! Die konnte doch noch nicht mal ein Ersatzrad von einem Lenkrad unterscheiden. Und Tante Elke wurde immer sofort schlecht, sobald die Flottbeks mal ein bisschen Rallyefahrer spielten. Außerdem wohnte sie nicht im Grünen, sondern im Grauen.

Kann die nicht mit der Bahn fahren?, dachte Florian.

»Kann die nicht mit der Bahn fahren?«, fragte Uropa.

»Die Bahn fährt erst in zwei Stunden!«, antwortete Florians Mutter und sah Uropa streng an. Und wenn Florians Mutter so guckte, dann hieß es: Klappe halten!

Natürlich wollte Tante Elke nicht den schönsten und nicht den kurvigsten Weg nehmen. Nein, sie wollte auf dem schnellsten Weg nach Hause. Aber kaum waren sie auf der Autobahn, musste Oma auch schon bremsen. »Juhu, Stau!«, rief Uropa.

»Juhu? Was heißt denn da Juhu? Ein Stau, das ist doch das Blödeste von der Welt! Typisch Auto!«, schimpfte Tante Elke los und versank vor Ärger fast in ihrem Sitz.

So'n Quatsch, die hat doch keine Ahnung, dachte Florian.

»So'n Quatsch, du hast doch keine Ahnung«, sagte Uropa.

»Ein Stau ist echt spannend, Tante Elke«, versuchte Florians Papa die Tante aufzumuntern. »Was man da alles sehen kann! Guck doch nur mal da drüben!« Sie sahen den Denker und den Drängler, die fast immer als Pärchen auftauchen, auch wenn sie sich nicht besonders mögen. Oma entdeckte einen Popler. Sie sahen den Typen, der jeden Tag hier steht, weil er am einen Ende vom Stau wohnt und am anderen Ende vom Stau arbeitet. Da war die gestresste Familie auf dem Weg in den wunderschönen Urlaub. Und die gestresste Familie auf dem Heimweg von dem wunderschönen Urlaub. Außerdem gab es jede Menge wichtige, extrem wichtige und wirklich wichtige Leute. Aber das alles interessierte Tante Elke irgendwie nicht so richtig.

»Ich kenne eine Abkürzung«, sagte Oma. Sie fuhr auf einen Parkplatz, bog hinter dem Klohäuschen auf einen Feldweg ein und brauste zwischen den Feldern hindurch direkt in einen Tunnel.

»Tunnel!«, schrien die vier Flottbeks wie aus einem Mund und Oma hupte wie verrückt.

»Sagt mal, tickt ihr noch richtig?«, rief Tante Elke nach dem Tunnel. »Ihr habt mich zu Tode erschreckt! Was soll denn das Geschrei? Macht ihr das etwa bei jedem …«

Aber weiter kam sie nicht. Denn Oma fuhr schon wieder in einen Tunnel und die Flottbeks riefen aus voller Kehle: »TUN-

NEL!« Denn der Tunnelschrei gehörte nun mal einfach zu einer gescheiten Autofahrt wie die Butter zum Brot.

So fuhren sie durchs Grüne und zeigten Tante Elke alles, was eine schöne Autofahrt zu bieten hatte. Sie erklärten ihr, wie man einen Sportwagen fährt und wie man in einem Rennwagen sitzt und sie verrieten ihr sogar, wie es in einem Raketenauto zugeht. Und als Tante Elkes Pobacken vom vielen Sitzen einschliefen, zeigten sie ihr die Flottbek'sche Po-Gymnastik. Die war stadtbekannt und half bei Po-Problemen aller Art.

»Mit der Bahn wäre ich zwar zehnmal schneller gewesen«, sagte Tante Elke, als sie am frühen Abend endlich bei ihrem Haus ankamen. »Aber trotzdem vielen Dank, dass ihr den Umweg gemacht habt.«

»Umweg?«, fragte Oma. »Hast du gerade Umweg gesagt? Das ist eine prima Idee!« Und noch ehe Tante Elke: »Kommt gut nach Hause« sagen konnte, fuhren die Flottbeks zurück auf die Straße, aber statt direkt und schleunigst nach Hause zu fahren, riefen Uropa, Oma, Papa und Florian Flottbek an der ersten Ecke: »UMWEG!«, und bogen in eine ziemlich falsche Richtung ab.

Gebrüder Grimm

Brüderchen und Schwesterchen

Brüderchen nahm sein Schwesterchen an der Hand und sagte: »Seit unsere Mutter tot ist, haben wir keine gute Stunde mehr. Die Stiefmutter schlägt uns jeden Tag, und wenn wir zu ihr kommen, stößt sie uns mit den Füßen fort. Die harten Brotkrusten, die übrig bleiben, sind unser Essen. Sogar dem Hündchen geht es besser: Dem wirft sie doch manchmal einen guten Bissen zu. Komm mit, wir wollen zusammen in die weite Welt hinaus gehen.«

Sie gingen den ganzen Tag, über Wiesen, Felder und Steine. Am Abend kamen sie in einen großen Wald und waren vom Kummer, dem Hunger und dem langen Weg so müde, dass sie sich unter einen Baum setzten und einschliefen.

Am nächsten Morgen, als sie erwachten, stand die Sonne schon hoch am Himmel und schien heiß in den Baum hinein. Da sprach das Brüderchen: »Ich habe solchen Durst! Wenn ich einen Brunnen wüsste, ginge ich hin, um zu trinken. Ich meine aber, ich hörte einen rauschen!« Brüderchen stand auf, nahm

Schwesterchen an der Hand und sie standen auf, um den Brunnen zu suchen.

Die böse Stiefmutter aber war eine Hexe und hatte gesehen, dass die beiden fortgegangen waren. Heimlich, wie alle Hexen schleichen, war sie ihnen nachgeschlichen und hatte alle Brunnen im Wald verwünscht. Und als Brüderchen und Schwesterchen das Wasser fanden, das so glitzernd über die Steine sprang, wollte das Brüderchen sogleich daraus trinken.

Aber das Schwesterchen hörte, wie es im Rauschen sprach: »Wer aus mir trinkt, wird ein Tiger! Wer aus mir trinkt, wird ein Tiger!« Da rief es: »Ich bitte dich, Brüderchen, trink nicht! Sonst wirst du ein wildes Tier und zerreißt mich!«

Das Brüderchen trank nicht, obwohl es großen Durst hatte, und sagte: »Ich werde bis zur nächsten Quelle warten.«

Als sie zur zweiten Quelle kamen, hörte das Schwesterchen, wie es aus dieser Quelle sprach: »Wer aus mir trinkt, wird ein Wolf! Wer aus mir trinkt, wird ein Wolf!«

Da rief das Schwesterchen: »Brüderchen, ich bitte dich, trink nicht, sonst wirst du ein Wolf und frisst mich!«

Das Brüderchen trank nicht und sprach: »Ich werde warten, bis wir zur nächsten Quelle kommen, aber dann muss ich trinken, egal, was du sagst.«

Als sie zum dritten Brunnen kamen, hörte das Schwesterchen, wie es aus dem Rauschen sprach: »Wer aus mir trinkt, wird ein Reh! Wer aus mir trinkt, wird ein Reh!«

Das Schwesterchen sprach: »Ach Brüderchen, ich bitte dich, trink nicht, sonst wirst du ein Reh und läufst mir fort!« Aber das Brüderchen hatte sich sofort an der Quelle niedergekniet und von dem Wasser getrunken. Und als die ersten Tropfen auf seine Lippen gekommen waren, lag es da und war ein Reh.

Nun weinte das Schwesterchen über das arme verwünschte Brüderchen, und das kleine Reh weinte auch und saß traurig neben ihm. Aber schließlich sagte das Mädchen: »Sei still, liebes Rehlein, ich werde dich doch niemals verlassen!« Dann band es sein goldenes Strumpfband ab, schlang es dem Rehlein um den Hals, rupfte Binsen aus und flocht daraus ein weiches Seil. Daran führte es das kleine Reh, und sie gingen immer tiefer in den Wald hinein. Und als sie lange gegangen waren, kamen sie an ein kleines Haus. Das Mädchen sah hinein und weil es leer war, dachte es: Hier können wir bleiben und wohnen. Es suchte Laub und Moos, um dem Reh ein weiches Lager daraus zu machen, und jeden Morgen ging es aus, um für sich selbst

Wurzeln, Beeren und Nüsse zu sammeln. Für das Reh brachte
es frisches Gras mit und es fraß dem Schwesterchen aus der
Hand. Abends, wenn das Schwesterchen müde war, legte es ihren Kopf auf den Rücken des Rehs, und auf diesem Kissen
schlief es sanft ein. Wenn das Brüderchen nur seine menschliche Gestalt gehabt hätte, wäre es ein wunderbares Leben gewesen.

So lebten sie eine Zeit lang allein in der Wildnis. Dann aber
hielt der König eine große Jagd in jenem Wald ab und Hörner-
blasen, Hundegebell und das lustige Geschrei der Jäger drang
durch die Bäume. Das kleine Reh hörte es und wäre nur zu gern
dabei gewesen. »Ach«, sagte es zum Schwesterchen, »lass mich
hinaus auf die Jagd. Ich kann es nicht mehr länger aushalten!«
Und es bat so lange, bis das Schwesterchen schließlich einwil-

ligte. Doch es sagte zu ihm: »Komm mir ja am Abend wieder, denn vor den wilden Jägern verschließ ich meine Tür. Damit ich dich erkenne, klopf an und sag: ›Mein Schwesterlein, lass mich herein.‹ Wenn du nicht diese Worte sprichst, schließe ich die Tür nicht auf.« Da sprang das kleine Reh hinaus und es fühlte sich wohl und glücklich an der frischen Luft.

Der König und seine Jäger sahen das schöne Tier und verfolgten es, aber einholen konnten sie es nicht.

Als es dunkel wurde, lief das Rehlein zu dem kleinen Häuschen, klopfte und sagte: »Mein Schwesterlein, lass mich herein!« Da wurde ihm die Tür aufgemacht, es sprang hinein und ruhte sich die ganze Nacht lang auf seinem weichen Lager aus.

Am nächsten Morgen ging die Jagd von Neuem los. Und als das kleine Reh wieder das Horn und die Rufe der Jäger hörte, hatte es keine Ruhe mehr und sagte: »Schwesterchen, mach mir auf, ich muss hinaus!«

Das Schwesterchen öffnete ihm die Tür und sprach: »Aber am Abend musst du wieder zurück sein und dein Sprüchlein sagen!«

Als der König und seine Jäger das kleine Reh mit dem goldenen Halsband abermals erblickten, jagten sie ihm alle nach, aber es war zu schnell und zu flink. So ging es den ganzen Tag, am Abend schließlich hatten die Jäger aber das Reh umzingelt und einer verwundete es leicht am Fuß. Jetzt musste es hinken und lief nur langsam fort. Diesmal schlich ihm ein Jäger bis zu dem kleinen Häuschen nach, und er hörte, wie das Rehlein rief: »Mein Schwesterlein, lass mich herein!«, und er sah, wie die Tür geöffnet wurde. Der Jäger merkte sich alles gut, ging zum König und erzählte ihm, was er gesehen und gehört hatte. Da sprach der König: »Morgen gehen wir noch einmal auf Jagd!«

Das Schwesterchen aber erschrak gewaltig, als es sah, dass das Rehlein verwundet war, und verband ihm die Wunde mit Kräutern. Am nächsten Morgen spürte das kleine Reh nichts mehr davon. Und als es draußen wieder die Jäger hörte, sagte es: »Ich kann es nicht aushalten, ich muss dabei sein! Und so schnell soll mich keiner kriegen!«

Da weinte das Schwesterchen und sagte: »Diesmal werden sie dich töten, dann bin ich ganz allein hier in diesem Wald und von aller Welt verlassen. Ich lasse dich nicht hinaus!«

»Dann sterbe ich hier vor Kummer!«, sagte das Reh. »Sobald ich das Horn höre, meine ich, ich müsste aus den Schuhen springen!«

Da konnte das Schwesterchen nicht anders und schloss ihm schweren Herzens die Tür auf. Gesund und fröhlich sprang das Reh in den Wald hinaus.

Als der König es sah, sagte er zu seinen Jägern: »Jagt es den ganzen Tag bis in die Nacht! Aber keiner darf ihm etwas zuleide tun!« Und sobald die Sonne untergegangen war, sprach der König zu dem Jäger: »Nun komm und zeige mir das kleine Häuschen im Wald!« Als er dann davorstand, klopfte er an die Tür und sagte: »Lieb Schwesterlein, lass mich herein!« Die Tür ging auf und der König trat ein. Und vor ihm stand nun ein Mädchen, das so schön war, wie er noch nie eines gesehen hatte.

Das Mädchen erschrak, als es sah, dass nicht sein kleines Reh, sondern ein Mann hereinkam, der eine goldene Krone trug. Aber der König sah es freundlich an, gab ihm die Hand und sagte: »Willst du mit mir auf mein Schloss gehen und meine liebe Frau werden?«

»Ja«, antwortete das Mädchen, »aber das Reh muss auf jeden Fall mit!«

Da sagte der König: »Es soll bei dir bleiben, so lange du lebst, und es soll ihm auch an nichts fehlen!«

Im selben Moment kam das Reh hereingesprungen. Da band das Schwesterchen es wieder an das Binsenseil und so verließen sie das kleine Häuschen im Wald.

Der König nahm das schöne Mädchen auf sein Pferd und führte es in sein Schloss. Mit großer Pracht wurde die Hochzeit gefeiert. Das Schwesterchen war nun Frau Königin und lange Zeit lebten sie glücklich zusammen. Das kleine Reh wurde gehegt und gepflegt und sprang im Schlossgarten herum. Die böse Stiefmutter aber, derentwegen die Kinder in die Welt hinausgegangen waren, war sicher gewesen, dass Schwesterchen im Wald von den wilden Tieren zerrissen worden und dass Brüderchen als Reh von den Jägern totgeschossen worden war. Als sie nun hörte, dass es den beiden so gut ging, da wuchsen Neid und Missgunst in ihrem Herzen. Tag und Nacht dachte sie fortan darüber nach, wie sie Brüderchen und Schwesterchen doch noch ins Unglück stürzen könnte. Und ihre richtige Tochter, die so hässlich war wie die Nacht und nur

ein Auge hatte, hielt ihr vor: »Königin zu werden – dies Glück hätte ich verdient!« Doch die Alte beruhigte sie und sagte: »Warte nur ab. Wenn es Zeit ist, werde ich schon zur Stelle sein.« Eine Zeit später brachte die Königin einen schönen Jungen zur Welt. Und weil der König gerade auf der Jagd war, nahm die alte Hexe die Gestalt der Kammerfrau an, trat in die Stube, in der die Königin lag, und sagte zu der Kranken: »Kommt, das Bad ist fertig. Es wird Euch guttun und Euch frische Kräfte geben. Beeilt Euch, sonst wird es kalt!« Ihre Tochter hatte sie auch dabei. Gemeinsam trugen sie die schwache Königin in die Badestube und legten sie in die Wanne. Dann schlossen sie die Tür ab und gingen davon. In der Badestube aber hatten sie ein solches Höllenfeuer entfacht, dass die schöne junge Königin bald darin ersticken musste.

Nachdem sie dies vollbracht hatten, nahm die Alte ihre Tochter, setzte ihr eine Haube auf und legte sie in das Bett der Königin. Sie machte auch, dass sie so aussah wie die Königin, nur das verlorene Auge konnte sie ihr nicht wiedergeben. Damit der König nichts merkte, musste sich die falsche Königin auf die Seite legen, wo sie kein Auge hatte.

Am Abend, als der König nach Hause kam und hörte, dass ihm ein kleiner Sohn geboren war, freute er sich von ganzem Herzen. Sogleich wollte er ans Bett seiner lieben Frau gehen und sehen, wie es ihr ging. Da rief die Alte schnell: »Aber lasst bloß die Vorhänge zu! Die Königin darf noch nicht ins Licht sehen und muss Ruhe haben!« Und als der König wieder zurückkam, da wusste er nicht, dass eine falsche Königin im Bett lag.

Als es aber Mitternacht war und alles schlief, da sah die Kinderfrau, die in der Kinderstube neben der Wiege saß und als Einzige wach war, wie die Tür aufging und die echte Königin hereinkam. Die Königin nahm das Kind aus der Wiege, legte es in ihren Arm und gab ihm zu trinken. Dann schüttelte sie ihm das Kissen auf, legte es hinein und deckte es wieder zu. Auch an das kleine Reh dachte sie, ging in die Ecke, in der es lag, und streichelte ihm über den Rücken. Dann ging sie wortlos wieder zur Tür hinaus. Die Kinderfrau fragte die Wächter am nächsten Morgen, ob in der Nacht jemand ins Schloss gegangen wäre, aber sie antworteten: »Nein, wir haben niemanden gesehen.«

So kam die Königin viele Nächte und sprach niemals ein Wort. Die Kinderfrau sah sie jedes Mal, aber sie traute sich nicht, jemandem etwas davon zu sagen.

Nachdem dies eine Weile so gegangen war, begann die Königin eines Nachts zu sprechen und sagte:

»Was macht mein Kind? Was macht mein Reh?

Nun komm ich noch zweimal und dann nimmermehr.«

Die Kinderfrau antwortete ihr nicht. Aber als die Königin wieder verschwunden war, ging sie zum König und erzählte ihm alles. Da sagte der König: »Ach Gott, was hat das zu bedeuten? Ich will in der nächsten Nacht bei dem Kind wachen«, und er ging am Abend in die Kinderstube. Um Mitternacht erschien die Königin wieder und sprach:

»Was macht mein Kind? Was macht mein Reh?

Nun komm ich noch einmal und dann nimmermehr.«

Sie umsorgte das Kind, wie sie es immer getan hatte, und verschwand. Der König traute sich nicht, sie anzusprechen. Aber er wachte auch in der folgenden Nacht. Und wieder sprach die Königin:

»Was macht mein Kind? Was macht mein Reh?

Nun komm ich noch diesmal und dann nimmermehr.«

Jetzt konnte sich der König nicht zurückhalten. Er sprang zu ihr und sagte: »Du kannst niemand anders sein als meine liebe Frau!«

Da antwortete sie: »Ja, ich bin deine liebe Frau«, und im selben Augenblick hatte sie durch Gottes Gnade das Leben wiedererhalten, und sie sah frisch und gesund aus. Dann erzählte sie, was die böse Hexe und ihre Tochter mit ihr gemacht hatten.

Der König ließ beide vor Gericht stellen und sie wurden zum Tode verurteilt. Sobald sie hingerichtet waren, verwandelte sich das kleine Reh und bekam seine menschliche Gestalt zurück. Nun lebten Brüderchen und Schwesterchen glücklich zusammen, bis an ihr Lebensende.

Dagmar Geisler

Ich kann dich ziemlich gut leiden

Line und Fred kennen sich schon ziemlich lange.

Line hat Fred sehr gern. Sie will mit ihm spielen. Am liebsten immer. Fred hat Line auch sehr gern. Aber er will Zeitung lesen und nachdenken. Am liebsten immer.

Line findet das blöd. Und langweilig! Deshalb ärgert sie Fred.

»Lass das!«, brummt Fred.

»Hör auf damit!«, knurrt Fred.

»Du gehst mir auf die Nerven!«, grummelt Fred.

»Dummer alter Zottelbär!«, schreit Line. »Ich glaube, du magst mich kein bisschen!«

»Doch, natürlich!«, brummt Fred.

»Da spüre ich aber gar nix von!«, schimpft Line.

»Aber ich spüre das«, sagt Fred. »Da drin!«

»Ich spüre bloß Brummen und Zeitunglesen«, sagt Line.

»Und ich bloß Ärgern und Piesacken. So ist das«, brummt Fred.

»Wenn du mich gernhast, musst du auch mit mir spielen!«

»Wenn du mich gernhast, musst du mich auch mal in Ruhe lassen!«

Line denkt nach. »Na gut«, sagt sie. »Zuerst spielst du mit mir und dann lasse ich dich mal in Ruhe.«

»In Ordnung, kleine Nervensäge! So machen wir's!«

Seitdem spielen Line und Fred jeden Vormittag zusammen …

… und nachmittags lässt Line Fred mal in Ruhe.

Das klappt prima!

Meistens jedenfalls …

Christian Berg

Tamino Pinguin und die schwarze Maus Jeny mit einem N

Nachdem unsere Freunde einige Tage Richtung Prärie gewatschelt und gelaufen waren, in Feldern mit seltsamen weißen Wollpflanzen geschlafen hatten und sogar mit einer donnernden, tutenden Schlange, in der normalerweise nur Großfüßler reisen, gefahren waren, kamen sie eines Morgens in einer Stadt namens Nashville an.

Die Stadt war längst nicht so groß wie New York, aber für gemeinsam reisende Pinguine, Riechtiere und Hunde bestimmt nicht weniger gefährlich.

Die drei suchten ein Versteck und fanden es unter einem großen Haus, das von oben bis unten voll war mit riesigen Tonnen, in denen Flüssigkeit gelagert wurde.

Billy Windsor Bassett fand eine leere Tonne, in der sie es sich gemütlich machten und erst mal lang und ausgedehnt schlafen konnten. Auf ihrer Reise war nicht viel Zeit dazu geblieben. Zu sehr hatten sie aufeinander aufpassen müssen.

Tamino wachte als Erster wieder auf, so hatte er viel Zeit, über das Erlebte nachzudenken. Er fragte sich, warum die Großfüßler so waren, wie sie waren, und konnte beim besten Willen nicht begreifen, wie man nachts auch nur ein Auge zutun konnte, wenn man mit anderen so umging, wie die beiden Hundefänger oder Misses Humbug es taten.

Er dachte an Mama und Papa Pinguin, die hoffentlich noch nicht wussten, dass Tamino vom GRSG weggelaufen war, und wünschte sich, sie spätestens Weihnachten wiederzusehen.

Auch an Atze dachte er, der bestimmt schon wieder so manchen Schneepinguin gebaut hatte, und natürlich an Nanuma, seine geliebte Nanuma, auf die er sich besonders freute, ganz egal was ihr Vater, der König der Kaiserpinguine, über ihn sagen würde. Denn schließlich konnte der doch froh sein, wenn seine Tochter einen Pinguin zum Freund hatte, der auch eine eigene Meinung hat.

Als Tamino so nachdachte und gerade von einem großen Haufen Makrelen träumte, hörte er plötzlich ein Piepsen.

Das Piepsen war erst ganz leise und fast gar nicht zu hören. Aber dann wurde es lauter und lauter und klang beinah wie ein piepsendes Weinen.

Tamino stand auf und beschloss, dem Piepsen auf den Grund zu gehen. Er krabbelte aus der Tonne und erblickte wenig später in einem Zwischenraum zwischen zwei Nachbartonnen ein kleines, zitterndes Mäuschen, das den Kopf voller geflochtener Zöpfe hatte und weinend dasaß.

»Warum weinst du denn?«, erkundigte sich Tamino.

»Weil ich neidisch bin«, weinte das Mäuschen. »Alle haben Freunde, nur mit mir will keine Maus was zu tun haben, weil ich schwarz bin und mir …«

»Langsam, langsam«, unterbrach Tamino die Maus. »Ich bin auch schwarz-weiß und habe ganz viele Freunde.«

»Ja, weil alle Pinguine schwarz-weiß sind. Aber Mäuse sind eigentlich grau oder weiß, allerhöchstens mal braun, aber schwarz ganz selten. Es ist zum Mäusemelken. Alle Mäuse meiden mich deswegen, weil ich eine andere Fellfarbe habe. Schon in der Schule durften die Kinder nicht mit mir spielen, weil ich schwarz war.«

Das Mäuschen zitterte und weinte jetzt noch mehr, sodass Tamino fast gar nicht mehr wusste, was er tun sollte. Er streichelte das Mäuseköpfchen mit den vielen Zöpfen und flüsterte: »Aber, aber, nicht mehr weinen, jetzt bin ich ja da, und wenn ich auch keine Maus bin, so finde ich deine Farbe doch sehr schön.«

»Ist das auch wahr, ehrlich wahr?«

»Großes südpolisches Pinguinehrenwort!«, schwor Tamino und erhob den rechten Flügel.

Langsam, aber sicher beruhigte sich die kleine Maus und schniefte nur noch hin und wieder durch die kleinen Mäusenasenlöcher.

»Mein Name ist Tamino Pinguin. Ich komme vom Südpol und bin auf der Suche nach den Indianern«, stellte sich Tamino vor und nahm dabei sogar seine rote Mütze vom Kopf.

»Und ich bin Jeny, die Maus, der ein N fehlt, weil meine Eltern nicht wussten, dass Jenny mit zwei N geschrieben wird. Wenn die Leute mir nicht gerade aus dem Weg gehen, weil ich schwarz bin, dann lachen sie über mein fehlendes N«, piepste Jeny und begann wieder zu schluchzen.

Tamino überlegte sich, wie er Jeny wohl trösten könnte. Nicht einfach nur so, damit sie mit dem Weinen aufhörte, sondern richtig, sodass es ihr auch etwas bringen würde.

»Weißt du, Jeny, ich würde mich an deiner Stelle als etwas ganz Besonderes sehen. Deine Farbe und dein Name sind doch einmalig, also mach etwas draus. All die anderen Mäuse sind weiß, grau oder braun, nur du bist schwarz. Wo steht geschrieben, dass du deshalb weniger wert bist als die anderen? Viele Tiere heißen Jenny mit zwei N, aber du heißt eben Jeny mit nur einem N, nur du, und das ist doch das Schöne.«

»Glaubst du wirklich, Tamino?«, fragte das Mäuschen zaghaft.

»Natürlich glaube ich das. Und wenn wir Tiere damit anfangen, können die Großfüßler vielleicht von uns lernen«, erklärte Tamino.

»Und meinst du, ich könnte auch eine Sängerin werden, obwohl ich nur eine Maus bin?«

»Natürlich kannst du das. Du musst nur ganz fest an dich glauben, dann wirst du dein Ziel irgendwann erreichen, kleine Jeny.«

Tamino bemerkte, dass Jeny langsam Hoffnung schöpfte und längst nicht mehr so traurig war wie am Anfang ihrer Begegnung. Sogar ein kleines Lächeln huschte kurz über ihr Gesicht, das aber sogleich wieder zu einem Schmollen wurde.

»Noch was?«, fragte Tamino vorsorglich.

Jeny nickte und winkte Tamino mit ihrem Pfötchen ganz nah zu sich heran.

»Heute Abend gibt es hier in Nashville einen Sängerwettstreit der Tiere. Dort würde ich gerne singen, denn der Sieger darf nach New Orleans. Das ist eine Stadt, die von oben bis unten voll ist mit Musik und in der es sogar ein Mäusekonzerthaus gibt, in dem fast nur schwarze Mäuse singen und wo die Leute extra hinkommen, um sie zu sehen.«

»Dann wirst du heute Abend an dem Sängerwettstreit teilnehmen und versuchen zu gewinnen«, bekräftigte Tamino die kleine Jeny.

»Aber die übersehen mich immer alle, weil ich so klein bin.«

»Heute Abend, kleine Jeny, wirst du die große Jeny sein. Ich habe da eine Idee. Komm mit, wir wecken meine Freunde Billy Windsor Bassett und Jeremias das Riechtier.«

Nachdem Tamino seine beiden Freunde geweckt und mit Jeny bekannt gemacht hatte, stellte er allen seinen Plan vor, den auch alle ganz klasse fanden.

Am Abend machte sich das seltsame Quartett auf den Weg in die Stadt, immer ganz vorsichtig, um nicht von Großfüßlern entdeckt zu werden.

Auch Nashville war voll mit Musik. An jeder Ecke standen Großfüßler mit seltsamen Hüten, komischen hohen Schuhen und Pingtarren vor dem Bauch. Sie sangen davon, wie schön Amerika war und wie viel Freiheit es hier gab.

Der Sängerwettstreit fand in einem großen Kuhstall statt, der völlig überfüllt war mit den verschiedensten Tieren. Die Bühne war aus großen Würfeln aus getrocknetem Gras gebaut und Tausende von Glühwürmchen waren für die Beleuchtung zuständig. Vor der Bühne saßen die Musiker: eine Kuh mit einer Geige, ein Huhn mit einem gerillten Brett, ein Esel an den Trommeln und ein Hund mit einer runden Pingtarre um den Bauch.

Die Musiker spielten einen Tusch und ein großer, brauner Hahn begrüßte das Publikum: »Herzlich willkommen, liebe Freunde, zum großen Sängerwettstreit von Nashville. Möge der Beste gewinnen!«

Und schon ging es los. Als Erstes sang ein Biber namens Dan Tist ein Lied über rauschende Gebirgsbäche und bekam dafür vom Publikum eine Menge Applaus. Dann kam ein Waschbär, der Hillbilly hieß und von seinem herrlichen Leben in den Bergen sang, eine Kuh namens Winifred erzählte musikalisch von ihrer kleinen Farm, und ein Truthahn beklagte sich in seinem Song bitter darüber, dass am Erntedankfest alles vorbei sei. Außerdem krächzte dann noch ein Rabe namens Ferdinand und eine Katze miaute ein Lied über Hunde.

Dann war Jeny an der Reihe. Schon als der Hahn sie ankündigte und von einer schwarzen Maus, die Jeny mit nur einem N hieß, erzählte, johlte und lachte der Saal, dass es kaum noch auszuhalten war.

Plötzlich, von einer Pingkunde zur anderen, verstummten jedoch alle, als sie Jeny erblickten und vor allem hörten.

Sie stand nämlich auf Taminos Kopf, mitten auf der roten Mütze, der stand auf Jeremias' Rücken und Jeremias wiederum auf dem von Billy Windsor Bassett. Sie sang so zauberhaft, mit einer tiefen, warmen Stimme, dass die Hühner eine Gänsehaut bekamen. Im Chor sangen Tamino, Jeremias und Billy so schön »schubidu«, wie es in Bremen die Stadtmusikanten nicht schöner hätten tun können.

Nachdem Jeny ihr Lied beendet hatte und sie sich von Taminos Mütze hinunter tief vor den Zuschauern verneigte, passierte nichts. Es herrschte Stille im Stall, Stille, die so laut war, dass man sich am liebsten die Ohren zugehalten hätte.

Plötzlich erhob sich eine Schaf-Dame und begann zu klatschen, kurz darauf eine Kuh, die es ihr gleichtat, und wenig später fielen alle versammelten Tiere in den Applaus ein. Sie blökten, bellten, miauten, pfiffen, krähten, sangen, krächzten und pfiffen, was das Zeug hielt.

Kein Zweifel, Jeny, die kleine schwarze Maus, der ein N fehlte, hatte gewonnen. Überglücklich verneigte sie sich immer wieder.

Der Hahn bedeutete dem Publikum mit seinen Flügeln, dass er etwas sagen wolle, und nach und nach kehrte wieder Stille ein. »Somit erkläre ich die Maus Jeny zur Siegerin des heutigen Abends. Sie darf nach New Orleans und dort singen!« Wieder klatschten die Tiere und freuten sich mit Jeny über ihren Erfolg.

»Ich danke dir, Tamino Pinguin, denn ohne dich hätte ich es nie geschafft«, sagte Jeny und verdrückte ein paar Mäusetränen.

»Oh doch, liebste Jeny, das hättest du. Ich habe dir nur gezeigt, dass du es schaffen kannst. Aber jetzt musst du dich beeilen, denn dein Pferd nach New Orleans wartet schon draußen und wir müssen auch weiter.«

»Wohin wollen denn die Gentlemen, wenn ich mal so fragen darf?«, mischte sich plötzlich der Rabe, welcher mehr gekrächzt als gesungen hatte, in das Gespräch ein. »Gestatten, Ferdinand Krähenfuß.«

»Mein Name ist Tamino Pinguin und das sind meine Freunde Billy Windsor Bassett, Jeremias das Riechtier und natürlich Jeny die Maus. Jeny reist nach New Orleans und wir drei wollen weiter, die Indianer suchen. Denn das ist der eigentliche Grund meiner Reise und meine beiden Freunde hier begleiten mich.«

»Das trifft sich gut, denn ich wollte sowieso gerade nach Hollywood«, grinste der Rabe über den ganzen Schnabel.

»Nach Hollywood?«, fragte Tamino.

»Ja, natürlich, nach Hollywood. Dort drehen nicht nur die Großfüßler, sondern auch die Tiere Filme, natürlich auch über Indianer.«

»Meinen Sie denn, dass ich dort Indianer treffen könnte?«, wollte Tamino wissen.

»Klar, da wimmelt es nur so von Indianern. Zwei von euch kann ich gerne mitnehmen«, bot der Rabe an.

»Wir sind aber zu dritt«, warf Billy mit Blick auf Jeremias ein und machte ein ganz nettes Gesicht, um Ferdinand vielleicht zu erweichen, vier Leute mitzunehmen.

»Zu zweit«, warf Jeremias ein, »denn wenn Jeny nichts dagegen hat, dann begleite ich sie nach New Orleans. Ich danke euch, Freunde, dass ich ein Stück des Weges mit euch reisen durfte.«

Natürlich hatte Jeny nichts dagegen, von einem so netten Riechtier begleitet zu werden, und freute sich, nicht mehr allein zu sein.

»Aber wie sollen wir drei denn zusammen reisen?«, wollte Tamino von Ferdinand Krähenfuß wissen. »Auf Ihrem Rücken ist doch gar kein Platz.«

»Aber in dem Eimer dort«, erwiderte Ferdinand und deutete mit seinem rechten Flügel auf einen großen Eimer. »Ihr setzt euch hinein und ich nehme den Henkel in meine Krähenfüße, und dann fliegen wir direkt nach Hollywood.«

Tamino und Billy verabschiedeten sich von Jeremias und Jeny, die danach ihr Pferd nach New Orleans bestiegen und davonritten. Dann setzten sie sich in den Holzeimer und wurden kurz darauf von Ferdinand Krähenfuß in die Lüfte getragen.

Tamino war froh, dass Billy ihn immer noch begleitete, denn es macht schon eine Menge aus, wenn man all die Abenteuer nicht alleine bestehen muss.

Max Kruse

Urmel ist ein Schatz

Ein neuer Tag auf Titiwu. Das Urmel wacht auf, es gähnt und reibt sich die Augen. Und da fällt ihm ein: Heute habe ich ja Geburtstag! Herrlich! Alle, alle werden kommen, mir Glück wünschen und mir wunderbare Dinge schenken. Eigentlich habe ich ja alles, was ich brauche, aber Geschenke sind und bleiben doch das Schönste auf der Welt.

»Hallo!? Warum ist denn keiner da?«, ruft das Urmel. »Seid ihr vielleicht am Strand?«

Nein – da ist auch keiner! Nicht einmal Seele-Fant liegt auf seinem Felsenriff, nicht einmal er singt dem Urmel ein Geburtstagslied. Nur Schusch, der Schuhschnabelvogel, fliegt vorüber und krächzt: »Gutän Morgän, Urmel, äch hab's eiläg, muss etwas erlädägen!«

Da ist das Urmel traurig! Sehr traurig. Haben denn alle seinen Geburtstag vergessen? Ringsum nur das weite Meer, das heute gar nicht so schön glitzert wie sonst. Nur eine einsame Flasche tanzt auf den Wellen …

Da ist ja etwas drin! Ja, in der Flasche ist wirklich etwas drin. Ein Blatt Papier, und das Blatt Papier ist kein gewöhnliches Papier, sondern eine Schatzkarte! Ein Schatz, wie aufregend!

Und für wen? Für den, der ihn findet, natürlich!

Und was? Eine Mupfel, wie die von Wawa? Nein, das wäre eher etwas für Ping Pinguin. Eine Schlummertonne aus Gold? Nein, das wäre eher etwas für Wutz. Ein Zauberstab, der alles verwandelt? Nein, das wäre eher etwas für den Professor! Ein dickes Buch voller Geschichten von der Schweinefee? Das wäre etwas für das Urmel. Oder vielleicht sogar der Teddy, den das Urmel sich zu seinem Geburtstag gewünscht hat?

Eine Karte ist dazu da, einen Weg zu beschreiben. Schauen

183

wir mal: Hier ist der Steg, da geht es zu Wawas Mupfel, von dort aus geht es weiter zur Tiersprechschule, danach zum Professorhaus – und dann in den Urwald. Da ist eine Lichtung mit einem seltsamen Baum. Und neben dem Baum liegt ein großer Stein. Da muss der Schatz vergraben sein!

Warum lange überlegen? Frisch gewagt ist halb gewonnen! Uff! Das ist aber ein weiter Weg …

Da ist endlich die Lichtung, hier ist auch der Baum … und hier ist der große Stein.

»Ich hab's gefunden! Ich hab's gefunden! Und gleich heb ich auch den Schatz«, freut sich das Urmel. Aber der Stein ist schwer.

»Weg mit dir, du dummer Stein!« Das Urmel gräbt … und gräbt … und gräbt. Tiefer und immer tiefer. Schaufel für Schaufel. Das Loch ist schon so tief, dass nur noch Urmels Kopf herausschaut. Und es findet sogar etwas, aber der Schatz kann das ja wohl nicht sein, denkt das Urmel. Es will doch keine alte Haarspange und auch keinen zerbrochenen Krug haben! Und einen Knopf braucht das Urmel schon gar nicht!

Von der schweren Arbeit ist dem Urmel heiß geworden. Es setzt sich hin und will sich ausruhen. Und nachdenken.

Sollte das etwa doch nicht der richtige Platz sein? Aber was krabbelt denn da unter seinem Popo? »He, wer bist du denn? Bist du ein Maulwurf?«

Ja, es ist ein Maulwurf. Und er reicht dem Urmel einen kleinen Schlüssel. Wozu soll der denn gut sein? Aber halt, da ist ja auch eine Truhe! Die hat das Urmel vor lauter Arbeit gar nicht gesehen! Der Schatz! Das Urmel hat den Schatz gefunden! An der Truhe hängt ein Schloss und jetzt weiß das Urmel, wozu der Schlüssel gut ist.

Das Schloss springt auf und … Hurra! Da ist der Teddy, den sich das Urmel gewünscht hatte! Und da liegt auch noch ein Zettel, auf dem steht: »Urmel, du bist ein Schatz!«

Und plötzlich sind alle, alle da! Sie hatten sich nur versteckt, um das Urmel heimlich zu beobachten, wie es den Schatz hebt.

»Schön, dass es dich gibt, liebes Urmel! – Alles Gute zum Geburtstag! – Viel Glück, mein Schatz!« Das wünschen ihm alle, Tim, der Professor, Wutz, Ping Pinguin, Wawa, Schusch – und sogar Seele-Fant singt mit fröhlichem Röhren: »Zum Geburtstag viel Glöck, zum Geburtstag viel Glöck …«

Bis in die Nacht wird gefeiert, wie es sich gehört. Es wird ein richtig schönes, urmeliges Geburtstagsfest. Tim Tintenklecks lässt sogar Raketen in den Nachthimmel zischen. Und das Urmel ist nicht mehr nur das einzige, sondern auch das glücklichste Urmel der Welt.

Sibylle Rieckhoff

Bleib bloß da drin!

Das ist Helli.

Und das ist Hellis Familie.

Wenn es nach Helli ginge, müsste sich daran auch niemals etwas ändern. Denn alles ist in Ordnung, genauso wie es ist.

Bis Papa eines Tages erklärt, dass man einen dicken Bauch nicht nur vom Schokolade-Essen kriegt.

»Du bekommst ein Geschwisterchen«, sagt Hellis Mama.

»Wir bekommen ein Baby«, sagt Papa.

Sie sehen beide so aus, als wären sie sehr stolz darauf.

Aber Helli bekommt zunächst nur eins: einen Riesenschreck. Und sie glaubt es einfach nicht.

So dick ist der Bauch doch gar nicht! Da passt ja überhaupt kein Baby rein. Allerhöchstens eine kleine Katze, und dagegen hätte Helli nichts einzuwenden.

Helli ist beruhigt. Mama und Papa haben nur einen Scherz gemacht. Ganz sicher!

Doch je mehr Zeit vergeht, umso dicker wird der Bauch. Dick

und rund und prall. Wie ein großer Luftballon. So mag Helli ihre Mama gar nicht leiden. »Er passt nicht zu dir«, sagt sie. »Er gehört da nicht hin.« Und sie hat überhaupt keine Lust, ihn anzufassen. Ganz im Gegenteil.

Sie guckt lieber weg, wenn er sich so komisch bewegt. Und wenn sie daran denkt, dass in diesem Bauch ein kleiner Mensch sitzt, dann ist Helli überhaupt nicht fröhlich.

Was soll man anfangen mit so einem Baby, wenn es erst mal draußen ist? Wozu braucht man es?

»Gar nicht«, findet Helli. Bestimmt macht ein Baby nur Lärm und Dreck … und Unsinn.

Bestimmt lässt es einen nachts nicht schlafen und tagsüber nicht in Ruhe.

Und ganz bestimmt wird sich von nun an jeder nur noch um das Baby kümmern und Helli völlig vergessen.

»Bleib bloß da drin!«, sagt Helli böse. Und sie meint es sehr ernst.

»Ich habe genug Freunde«, findet Helli. »Ich brauche keine neuen.« Aber wenn schon – ja, wenn denn unbedingt noch jemand dazukommen muss, dann bitte eine große Schwester. Die

Helli schöne Frisuren machen kann. Ihr hübsche teure Kleider schenkt. Und die Helli später mal den Freund und den Lippenstift leiht. Tatsächlich, eine große Schwester wäre gar nicht schlecht.

Aber das Leben ist manchmal gemein: Es wird keine große Schwester, es wird ein kleiner Bruder. »Oje!«, sagt Helli, als sie ihn das erste Mal in ihren Armen hält. »Wie sieht der denn aus?«

Winzig klein und runzlig, kahlköpfig und ohne Zähne. Ein kleiner Opi!

»Können wir ihn umtauschen?«, fragt Helli vorsichtig.

»Nein, den behalten wir«, sagt Papa und gibt Helli einen dicken Kuss. »Der gehört nun zu uns. Und du bist jetzt unsere Große.«

Plötzlich hat Helli ein seltsames warmes Gefühl im Bauch. Sie weiß gar nicht, woher es kommt. Der kleine Kerl sieht so hilflos aus, den muss sie einfach beschützen. Und wer weiß — vielleicht ist er ja doch zu was nütze? Nun ist sie jedenfalls nicht mehr die Einzige, die abends früh ins Bett muss. Die mittags gesundes Gemüse bekommt, obwohl Spaghetti viel besser schmecken. Und die ausgeschimpft wird, wenn was schiefgeht. Nun ist sie die große Schwester, und große Schwestern sind prima. Gerade richtig für kleine Brüder. Sie kann ihm später schöne Frisuren machen, hübsche Kleider schenken und den Freund mit ihm teilen. Wenn er etwas größer ist und etwas besser hineinpasst in diese große, gefährliche Welt. Bis dahin passt sie einfach gut auf ihn auf.

Das ist Hellis Familie.

Alles ist in Ordnung, genauso wie es ist.

An ihren Bruder hat Helli sich ganz schnell gewöhnt. Meistens hat sie ihn sogar sehr lieb. Nicht immer, das ist klar. Das wäre ja auch langweilig. Bald wird Helli ihm ganz vorsichtig erklären, dass Mama ihren Bauch nicht vom Schokolade-Essen gekriegt hat. Und dass so ein dicker Bauch überhaupt nicht schlimm ist. Damit er gar nicht erst auf komische Gedanken kommt, ihr kleiner dummer lieber Bruder!

Otfried Preußler

Rücken an Rücken mit einem guten Freund

Mit einem Mal war die Sonne weg, der Himmel hatte sich schwarz bewölkt, ein Windstoß fuhr durch die Worlitzer Wälder, dass sich die Wipfel bogen. Es schien, dass auf Zwottels Riecher wirklich Verlass war: Während sie nach dem Hut gesucht hatten, war ein Gewitter heraufgezogen. Schon zuckten die ersten Blitze, schon brach das Unwetter über sie herein.

»Gleich fängt es an zu gießen!« Zwottel hielt Umschau nach allen Seiten. »Jetzt brauchen wir einen Unterschlupf! Irgendwo in der Nähe möglichst …«

Hörbe ließ sich nicht aus der Ruhe bringen.

»Wir haben doch meinen Hut!«, rief er. »Wenn wir uns druntersetzen, sind wir gut aufgehoben.«

»Dass ich nicht lache! Das Amselnest reicht ja nicht mal für dich allein – und für zwei schon gar nicht!«

»Du wirst dich noch wundern, Zwottel! Fass an – wir machen den Obendrüberhut einfach größer …«

Nun dehnten sie Hörbes Hut mit vereinten Kräften noch weiter aus. Hörbe zog auf der einen Seite, der Zottelschratz auf der anderen.

Sie zogen und zerrten, bis sie den Hut auf die richtige Größe gebracht hatten.

»Na, Zwottel? Findest du immer noch, dass er für zwei nicht ausreicht?«

»Im Gegenteil, Hörbe! Wenn er jetzt auch noch dicht hält …«

»Die Sorge kannst du dir sparen, Zwottel!«

Der Obendrüberhut war nun etwa so groß wie ein Rabennest, eher ein bisschen größer. Sie drehten ihn mit der Krempe nach unten – und kaum dass sie richtig druntersaßen, da klatschten auch schon die ersten Regentropfen auf sie herunter.

»Brrr!«, sagte Zwottel und zog den Kopf ein. »Wenn ich mir vorstelle, Hörbe, wir hätten das alles im Freien draufbekommen …«

Es regnete stärker und immer stärker. Draußen jagte ein Windstoß den andern. Der Regen peitschte den Hut, dass es nur so prasselte.

»Hörst du das, Hörbe? Das ist ja, als ginge die Welt unter!«

Das Gewitter tobte mit aller Macht. Donnerschlag folgte auf Donnerschlag. Und es blitzte so wild und grell, dass sie meinten: »Im nächsten Augenblick tut es einen Krach – und dann ist es aus mit uns!«

Da und dort schien der Hut nicht ganz dicht mit dem Waldboden abzuschließen. Es gab ein paar Stellen, da zuckte es weiß und flackernd zu ihnen herein: ein böses, scheußliches Licht, das sie blendete.

»Gleich w-w-wird's bei uns einschlagen, Hörbe … Gleich schl-l-lägt's in den Hu-hu-hut …«

Der geborene Spaßmacher schüttelte sich vor Angst, vom Kopf bis zum Zottelschwanz. Hörbe erging es um kein Haar besser. Er klapperte mit den Zähnen, es wurde ihm abwechselnd heiß und kalt.

Das Wetter wütete weiter. Blitze zuckten von allen Seiten, Donner auf Donner krachte. Und plötzlich ein Fauchen, ein kalter Luftzug.

Sie sahen mit Schrecken, dass sich der Hut auf Zwottels Seite ein Stück emporhob.

»Festhalten, Zwottel – festhalten, dass er uns nicht davonfliegt!«

Der Zottelschratz packte den Hutrand mit beiden Händen und drückte ihn nieder, so fest er konnte.

»Gut so, Zwottel!«

Im nächsten Augenblick fauchte der Wind von der anderen Seite herein. »Aufgepasst, Hörbe!«

Hörbe hatte schon zugepackt. Mochte der Sturm doch zerren und reißen, so viel er wollte – sie ließen sich Hörbes Hut nicht wegblasen. Auf der einen Seite hielt ihn der Hutzelmann fest, auf der anderen der Zwottel. Gemeinsam würden sie das schon schaffen!

»Bei dir drüben alles in Ordnung, Zottelschratz?«

Zwottel gab keine Antwort. Zwottel blieb stumm.

»Was ist los mit dir, Zwottel? Sag doch was!«

Zwottel Zottelschratz gab keine Sterbenssilbe von sich, er schniefte und schnaufte bloß ganz entsetzlich.

Hörbe blickte voll Sorge zu ihm hinüber. Im Flackern des nächsten Blitzes wurde ihm klar, warum Zwottel nicht antworten konnte: Der Zottelschratz hatte sich mit den Zähnen im Hutrand festgebissen – zur Sicherheit!

»Ach so – ich verstehe … Gut so, mein Lieber! Nicht auslassen, hörst du – nicht auslassen!«

Jedes Unwetter hört einmal wieder auf, jedes Gewitter verzieht sich am Ende wieder. Das weiß man zwar aus Erfahrung – aber im Augenblick war das für Zwottel und Hörbe leider ein schwacher Trost. Wenn nur der Hut nicht wegflog! Wenn sie nur von den Blitzen verschont blieben! Wenn nur kein Wipfel auf sie herabstürzte – oder gar ein Baum!

»Aufhören! Aufhören!«, schimpfte Zwottel, sooft er die Zähne zwischen zwei Windstößen freibekam. »Aufhören, sag ich!! Aufhören – oder ich vergess mich!!!«

Da konnte er lange schimpfen! Er musste sich zwischendrin immer wieder am Hutrand festbeißen, wenn der Sturm hereinfuhr.

Aber dann war es so weit, dann hatte auch dieses Gewitter sich endlich ausgetobt und zog grollend ab.

Es rumpelte noch ein paarmal von fern herüber. Das war schon kein richtiger Donner mehr, bloß noch ein dumpfes Grummeln und Brummeln, das mit der Zeit verebbte.

Dann und wann noch ein Wetterleuchten am Himmel – ein blasses, harmloses Flackern: irgendwo weit, weit weg. Viel zu schwach und zu matt schon, als dass sie es unter Hörbes Hut überhaupt noch bemerkt hätten.

Auch der Sturm hatte sich besänftigt. So jäh er begonnen hatte, so rasch war er wieder abgeflaut.

Bloß der Regen – der Regen hielt weiter an. Nun rauschte er schwer und schläfrig auf sie hernieder: auf Hörbes Hut, unter dem sie beisammensaßen und froh waren, dass das Unwetter nun vorüber war.

»Ein Glück, dass wir deinen Hut hatten, Hörbe!«

»Und dass wir zu zweit waren, Zwottel! Was nützt dir der schönste Hut, wenn der Sturm ihn dir wegbläst ...«

Sie hatten sich Rücken an Rücken gesetzt und die Beine ausgestreckt: jeder nach seiner Seite.

Dann sprachen sie eine Weile nichts mehr und ließen den Regen regnen.

Es regnete draußen, es regnete, regnete, regnete ohne Unterlass. In den Worlitzer Wäldern musste es unterdessen Abend geworden sein.

»Soll ich mal nachsehen, Hörbe?«

»Von mir aus ...«

Der Zottelschratz hob mit der großen Zehe den Hutrand ein wenig an.

»Stockfinster draußen – und nichts wie Regen, so weit du hören kannst.«

Hörbe musste daran zurückdenken, wie er in solchen verregneten Nächten manchmal erwacht war, zu Hause im Siebengiebelwald. Und wenn er gehört hatte, wie es draußen herunterprasselte auf das Reisig über dem Haus – dann war es ihm vorgekommen, als könnte es auf der Welt nichts Schöneres geben für ihn: ein Dach überm Kopf, unter dem man geborgen war, und ein gutes Hutzelmannbett.

Und doch! Was er hier erlebte, in dieser Stunde, war schöner als alles andere je zuvor: mitten im Wald unter einem Hut zu sitzen, wenn draußen der Regen rauschte – Rücken an Rücken mit einem guten Freund.

Da konnte man hören, wie weit die Welt war: so weit, so weit. Und man selber saß mittendrin in der weiten Welt. Und man hatte es warm und trocken und spürte am ganzen Leib, dass man glücklich war.

Daniel Napp

Peeperkorn erobert den Nordpol

Ein rosa Streifen lag über dem Horizont, es war kurz nach sieben Uhr. Normalerweise schliefen die Eichhörnchen von Norderwald nach einem berauschenden Fest bis in die Mittagsstunden, doch heute Morgen waren alle Bewohner aus ihren Betten gehüpft.

Auf der Anhöhe herrschte ein Treiben wie auf dem Marktplatz. Die Kinder sangen die Ballade von Peeperkorns Drachenzähmung und Frau Knack machte ein Riesengeschäft mit ihren neuen Kreationen: Peeperkornbrötchen und Lutzhörnchen.

Peeperkorn eilte nervös umher und gab seiner Mannschaft Anweisungen. Der Handwerker Rümpelfix prüfte die Hongkong ein letztes Mal auf Herz, Nieren und Segeltuch. Professor Atlas steckte alle fünf Minuten seine Pfote in den Mund, um dann mit ausgestrecktem Zeigefinger Windrichtung und -stärke zu prüfen. Neben ihm saß Lutz auf einem Baumstumpf und ließ kraftlos die Beine baumeln. Er schien in der kurzen Nacht weniger gut geschlafen zu haben als Peeperkorn. Sein

Fell war ungekämmt, der Kopfschutz hing schief über der Stirn. Während er sein rechtes Auge geschlossen hielt, schielte er mit dem linken hinüber zu Professor Märchen, der ihm das Prinzip des Tandemfliegens zu erklären versuchte.

Frau Knack hatte zwei Rucksäcke schnüren lassen, einen großen für Peeperkorn und einen kleinen für Lutz. Gerade ging sie noch mal die Ausrüstung durch und überprüfte, ob auch ja nichts vergessen worden war: »… dann noch warme Socken … Taucherbrillen … der Kompass … die Thermofrostanzüge … getrocknete Pilze … und das Mittel gegen Schlangenbisse. Fertig!«

Oma Nadelstrick nahm Peeperkorn beiseite und sagte: »Das Leben jenseits unserer Bäume ist voller Gefahren.« Sie drückte ihm ein kleines Tütchen in die Pfote.

»Juckpulver!«, stellte Peeperkorn erstaunt fest.

»Aus eigenem, garantiert biologischem Hagebuttenanbau«, kicherte Oma Nadelstrick, wurde aber sofort wieder ernst und flüsterte beschwörend: »Nicht alle Menschen sind den Eichhörnchen freundlich gesinnt. Seid auf der Hut, wenn ihr jemals wieder nach Norderwald zurückkehren wollt.«

Inzwischen hatte auch Professor Atlas ein genaues Wetterprofil erstellt: »Hochdruckgebiet über dem Nordwesten mit vorherrschendem Südostwind, abziehende Cumulonimbuswolken, trockene Luft am Boden, Temperatur 16,8 Grad Celsius, Luftdruck 1020 Hektopascal. Da möchte ich doch mal meinen – die Flugbedingungen sind optimal!«

»Perfekt! Faaabelhaft!«, sagte Peeperkorn. Er setzte seinen Kopfschutz auf. »Bist du bereit?«

Da sich Lutz weigerte aufzustehen, wurde er von zwei Eichhörnchen zur Hongkong getragen. Dann ging alles sehr schnell. Die Professoren gaben Peeperkorn einen festen Pfotendruck, Professorin Sachkunde umarmte ihn mit zitternder Unterlippe und drückte ihm einen Kuss auf die Schnauze. Die Eichhörnchen jubelten ihren beiden Helden zu, während Rümpelfix seine Mütze immer wieder in die Luft schleuderte. Voller Rührung rief Peeperkorn: »Liebe Freunde, das Abenteuer beginnt!«

Jetzt gab es kein Halten mehr. Peeperkorn ging in die Hocke und kippte die Hongkong in die Waagerechte. Lutz fühlte, wie sich das Gurtzeug straffte. Er sah sich Hilfe suchend um, aber niemand wollte ihn befreien. »Was für ein blöder Tag«, dachte er.

Peeperkorn richtete sich auf, balancierte die Flügelspitzen aus und nahm Anlauf. Lutz geriet ins Stolpern, doch schon im nächsten Augenblick hatte er keinen Boden mehr unter den Füßen.

Professor Märchen ließ sein kariertes Taschentuch durch die Luft wirbeln, während Professorin Sachkunde ihre Abschiedstränen nicht mehr zurückhalten konnte.

»Auf Wiedersehen, ihr stolzen Abenteurer!«, riefen Frau Knack und Oma Nadelstrick im Chor. Professor Atlas seufzte und nahm die schniefende Professorin Sachkunde in den Arm.

Der Gegenwind gab der Hongkong Auftrieb. Schnell gewann sie an Höhe, drehte ab, glitt über die schwarzen Kiefern am Waldrand hinweg und schwebte der aufgehenden Sonne entgegen.

Noch lange standen die Eichhörnchen von Norderwald bei den Fichten und schauten den beiden Abenteurern nach. In weiter Ferne, hoch oben am Himmel, wurde die Hongkong rasch immer kleiner, bis man bald nur noch einen winzigen Punkt im Gegenlicht erkennen konnte.

Lutz klammerte sich am Steuerbügel fest. Über ihm flatterte das Segeltuch, kühle Luft rauschte ihm durchs Fell. Immer höher ging es. Die Hongkong zischte weiter geradeaus und

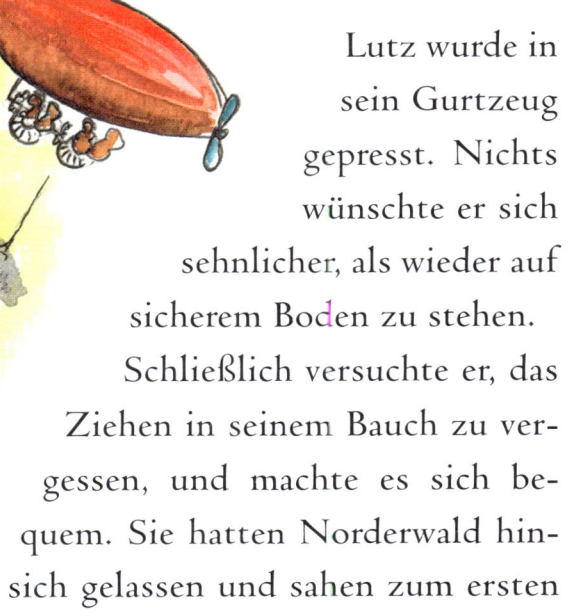

Lutz wurde in sein Gurtzeug gepresst. Nichts wünschte er sich sehnlicher, als wieder auf sicherem Boden zu stehen. Schließlich versuchte er, das Ziehen in seinem Bauch zu vergessen, und machte es sich bequem. Sie hatten Norderwald hinter sich gelassen und sahen zum ersten Mal die Welt draußen aus der Nähe. Die weiten, grün und schwarz gemusterten Flickenteppiche, von denen Oma Nadelstrick immer behauptet hatte, sie gehörten einem Riesen, entpuppten sich als Wiesenflächen. Aus der gigantischen blauen Schlange wurde ein harmloser Fluss. Während Peeperkorn seine Steuerbefehle ausrief (»Nach links rollen!«, »Leicht nach rechts«, »Nach vorne ziehen«), rauschten sie über Felder, Bäume und buschbewachsene Hügel hinweg. Und immer wieder kreuzten sie die grauen Straßen, auf denen blecherne Kisten mit Rädern rollten. »Und in den Schrottmühlen sitzen wirklich Menschen drin?«, fragte Lutz ungläubig.

Sie folgten den Schrottmühlen, die immer zahlreicher wurden und sich schließlich vor roten Lichtern und Schildern stauten. »Das Land der Menschen!«, rief Peeperkorn.

Lutz hatte eigentlich einen Wald erwartet, in dem die Menschen auf riesigen Bäumen lebten. Doch Bäume gab es hier so gut wie gar keine. Stattdessen standen in langen Reihen riesige, graue Kästen mit Fenstern und Dächern herum. Lutz bekam den Mund nicht mehr zu. »In einem dieser Kästen könnten ja sämtliche Eichhörnchen Norderwalds leben!«, rief er.

»Das sind keine Kästen, sondern Häuser«, erwiderte Peeperkorn.

»Aha.«

»Und die Schrottmühlen heißen nicht Schrottmühlen, sondern Blechkutschen.«

»Soso.«

Peeperkorn flog tiefer. Schweigend beobachteten sie das seltsame Treiben der Menschen, die neben den Blechkutschen umherwuselten, Tüten schleppten, durch Türen verschwanden oder so lange vor roten Lichtern stehen blieben, bis diese grün wurden. Ein Mann in gelber Uniform steckte Umschläge in kleine Kästen. Eine Frau hielt sich irgendetwas ans Ohr und schimpfte mit sich selbst. Ein Kind ließ sich auf den Boden fallen. Es brüllte so lange, bis seine Mutter ihm etwas kaufte. Peeperkorn schüttelte den Kopf. Das sollte mal ein Junges in Norderwald probieren!

Sie überflogen einen Laden, der sie an Frau Knacks Bäckerei erinnerte, nur war dieser hier fast so groß wie halb Norderwald. Auch hier herrschte großes Gedränge. Lutz entdeckte einen

Mann, der einen Kasten mit klirrenden, braunen Flaschen zu seiner Blechkutsche schleppte.

»So eine Flasche habe ich schon mal in Norderwald gefunden«, rief er aufgeregt. »Hätte nie gedacht, dass die Menschen dieses schmutzige Wasser wirklich trinken.«

Sie umflogen den Laden in einer engen Kurve. Plötzlich richteten sich Peeperkorns Ohren mit einem Ruck auf. »Ja, ist das denn …?!«

Vor ihnen lag eine karge, glänzende Landschaft. Millionen Eiskristalle funkelten im Schein der Sonne.

»Halt dich fest«, rief Peeperkorn. »Es geht los!«

Und schon zog er sich nach vorne über den Steuerbügel. Die Nase der Hongkong kippte nach unten.

Lutz fühlte, wie sein Magen nach oben rutschte, während sie auf das Eis zurasten.

Dann ein kurzer Ruck und Lutz spürte festen, frostigen Boden unter den Füßen. Im selben Moment ging mit einem lauten Knall die Sonne unter.

»Perfekt! Faaabelhaft!«, sagte Peeperkorn.

Es war stockdunkel und eiskalt, überall stank es nach Fisch. Vor ihren Gesichtern erschien der Atem als weißer Dampf.

Peeperkorn zündete mit einem Streichholz seine Öllampe an und sah sich um. Lutz hatte kalte Füße und hüpfte von einem Bein auf das andere.

»W-w-warum sind wir in diesem stinkenden Loch gelandet?«,

fragte er mit klappernden Zähnen. »W-w-was ist mit den Abenteuern? Und w-w-wo zur Hölle sind wir hier überhaupt?!«

Peeperkorn lächelte. Nachdem er die Hongkong zerlegt und auf den Rücken geschwungen hatte, stellte er sich vor Lutz, schaute ihm mit klarem Blick in die Augen und erklärte: »Das Abenteuer hat gerade begonnen. Wir sind in der Arktis, mitten im ewigen Eis. Jetzt werde ich den Nordpol entdecken! Und du wirst singen.«

Die beiden streiften ihre Polaranzüge über. Peeperkorn hielt sich den Kompass vor die Nase, dann stampfte er los. Lutz folgte ihm leise fluchend. Unter ihren Schneeschuhen klirrte das Eis.

Plötzlich ertönte ein Brummen und alles um sie herum begann zu wackeln. Lutz fiel hin, aber Peeperkorn zog ihn mit einem Arm sofort wieder auf die Beine.

»Weiter geht's!«, rief er. »Immer Richtung Norden.«

Das Gerappel und Gewackel hörte nicht auf. Manchmal neigte sich der Boden so stark zur Seite, dass die beiden Eichhörnchen in Schräglage gerieten. Dabei drehte sich die Kompassnadel und zwang Peeperkorn, die Richtung zu korrigieren.

Auf diese Weise kämpften sie sich kreuz und quer durch das Eis. Immer wieder mussten sie sich den Weg mit ihren Stöcken freihacken. Einige breitere Rinnen und Kanäle konnten sie nur auf allen vieren überwinden. An ihrem Fell hingen kleine Eiszapfen und manchmal, wenn sie nicht schnell genug vorwärtskamen, froren ihre Schwanzspitzen am Boden fest.

»Was ist schon eine Schwanzspitze, wenn es um die Entdeckung des Pols geht?«, schnaufte Peeperkorn.

Aber langsam ließen ihre Kräfte nach. Die eisige Luft war schneidend und ihre Gesichter schmerzten. Gebeugt von der Last des Gepäcks schleppten sie sich weiter. Das Ende schien nahe, der Nordpol unerreichbar.

Dann ein mächtiger Ruck! Peeperkorn schlug einige Purzelbäume vorwärts, bis er mit dem Kopf gegen eine Wand stieß, die einen dumpfen Laut von sich gab. Benommen richtete er sich auf. Er tastete die Wand vor sich ab … hier gab es kein Weiterkommen mehr.

»Der äußere Rand der Welt, keine Frage …«, murmelte er ehrfürchtig. »Ich habe als erstes Eichhörnchen den Nordpol erreicht!«

Ihm rollte eine Träne über die Wange, die sofort zu Eis erstarrte. Dann rief er: »Ich bin am Ziel! Endlich am Pol! Alles scheint so einfach und banal. Sing, Dichter, sing!«

Lutz zögerte. »W-w-woher wissen wir eigentlich, dass hier wi-wirklich der Nordpol ist?«

»Ganz einfach«, antwortete Peeperkorn. »In dem Sachkundebuch habe ich gelesen, dass es am Nordpol keine Pinguine gibt.«

»N-n-na und?«

»Hast du hier irgendwo einen Pinguin gesehen?«

»N-n-nein.«

»Na also!«

Und während Peeperkorn die Flagge von Norderwald hisste, zog Lutz die Nase hoch und griff mit kalten Fingern in die Saiten:

Hö-hö… hört, hört die Heldentat,
  die nur ein Großer kann bezeigen:
Der Welt, die viel zu bieten hat,
  muss auf den Po-po… Pol er steigen.
Der ka-ka… kaltblütige Mann
  macht a-a… alle Leute glotzen,
wenn er vollbringt, was er nur kann:
  und zwar auf einen Eisberg k…lettern
und dort den Elementen trotzen,

miez-miez… mitsamt den bösen Wettern
die da-da toben und nicht warm sind.
Ja, ist das nicht der helle Wahnsinn?
Wer so was tut – ihr seht es ein –
der muss nun wirklich ga-ga…
ganz schön mutig sein!

Mit einem Schlag ging die Sonne wieder auf. Grelles Licht flutete über die Eiswüste und blendete die Eichhörnchen. Schnell kramten sie ihre Sachen zusammen und liefen den wärmenden Sonnenstrahlen entgegen.

Sie hopsten vom Eis auf die Straße, wo sie ein Regenrohr entdeckten, dass sie hoch zum Dach eines Hauses führte. Von

der Dachrinne aus beobachteten sie zwei Eskimos, die sich über die kleine Fahne im Eis wunderten.

Peeperkorn zog sein Logbuch aus dem Gepäck. Auf eine leere Seite schrieb er »Arktis«, darunter zeichnete er einen länglichen Kasten mit einer Klappe. Die Zeichnung ergänzte er mit einer Notiz: Bewegt sich auf vier Rädern fort. Wackelt und brummt. Gelegentliches Hupen.

Ursula Wölfel

Die Geschichte von den Nilpferden

Einmal haben drei Nilpferde im Fluss gelegen und sich gelangweilt. Da ist ein Mann gekommen, der wollte die Nilpferde fo-
tografieren. Die drei haben ihm zugesehen, wie er sich den Fo-
toapparat vor die Augen gehalten hat. Der Mann hat geknipst –
aber da war kein Nilpferd mehr zu sehen. Sie waren unterge-
taucht, und der Mann hatte nur das Wasser fotografiert. Er hat
gewartet. Endlich sind die Nilpferde wieder aufgetaucht. Aber

sie waren jetzt viel weiter unten am Fluss. Der Mann ist schnell dorthin gelaufen. Die Nilpferde haben im Wasser gelegen und mit den Ohren gewedelt und zugesehen, wie der Mann gerannt ist. Dann hat er wieder geknipst – aber da war kein Nilpferd mehr zu sehen. Der Mann hatte wieder nur das Wasser fotografiert. Er hat sich auf einen Stein gesetzt und gewartet. Endlich sind die Nilpferde wieder aufgetaucht. Aber diesmal waren sie viel weiter oben am Fluss. Der Mann ist gleich wieder losgerannt. Die Nilpferde haben im Wasser gelegen und mit den Augen geblinzelt und zugesehen, wie der Mann schwitzen und japsen musste. Dann hat der Mann wieder geknipst – aber da war kein Nilpferd mehr zu sehen. Er hatte wieder nur das Wasser fotografiert. Und so ist es immer weitergegangen. Die Nilpferde haben den Mann hin und her rennen lassen, aber am Abend hatte er nur zwanzigmal das Wasser foto-

grafiert, und die Nilpferde waren vergnügt, weil sie sich den ganzen Nachmittag nicht mehr gelangweilt hatten.

Jo Pestum

Die Wilden Acht

An einem Abend saß der Boxer am Fluss und kühlte sich die Füße, weil er einen anstrengenden Streit mit Kater Pipo hinter sich hatte. Plötzlich sah der Boxer das Boot.

»Do-do-do-donnerwetter!«, rief der Boxer. »Ich will Kaktus Spekulatius heißen, wenn das nicht mein alter Freund Fetzer ist!«

Aufgeregt winkte der Piratenpapagei. »Und ob ich das bin, du alter Freund Boxer! Etwas ganz furchtbar Wichtiges habe ich dir zu erzählen. Staunen wirst du!«

War das eine Freude, als die beiden alten Freunde sich begrüßten! Sie hatten sich nämlich lange nicht gesehen.

Der Piratenpapagei fing an zu erzählen: »Du weißt, Freund Boxer, dass ich viele Jahre lang mit den Piraten über die Sieben Weltmeere gefahren bin. Alle Seeräuber haben nach der Wunderinsel gesucht, doch keiner der Piraten hat sie gefunden.«

Der Boxer nickte. »Das weiß ich.«

Da schrie der Piratenpapagei jauchzend: »Aber ich, ich habe das Rätsel gelöst!«

»Do-do-do-donnerwetter!«, staunte der Boxer.

Der Piratenpapagei flüsterte: »Unglaublich schlaue Berechnungen habe ich gemacht. Dazu habe ich sieben Jahre gebraucht. Und jetzt weiß ich haargenau, wo die geheimnisvolle Wunderinsel zu finden ist. Du wirst mit mir auf die Reise gehen, Freund Boxer!«

Traurig antwortete der Boxer: »Ich kann dich nicht begleiten. Ich fühle mich alt und schlapp. Außerdem trage ich ein künstliches Gebiss mit falschen Zähnen. Das darfst du aber keinem verraten. Ich lege Wert darauf, von allen Katern gefürchtet zu werden.«

Der Piratenpapagei war sehr traurig, weil sein Freund Boxer die gefährliche Reise zur Wunderinsel nicht mitmachen wollte. Aber der Boxer hatte einen Trost. Er sagte: »Ich stelle dir eine tollkühne Truppe mit erstklassigen Spezialisten zusammen.«

»Wir müssen zu siebt sein«, erklärte Fetzer, »denn die Zahl 7 ist eine Zauberzahl.«

Zuerst suchten sie den Kampfsalamander in seiner Höhle auf. Kaum hatte der Piratenpapagei seinen Plan vorgetragen, da rief der Kampfsalamander auch schon: »Wo Abenteuer locken, da bin ich dabei! Mit meinem Säbel habe ich schon Störche und Füchse in die Flucht geschlagen.«

Oben auf dem Baum kreischte die Karate-Krähe Käthe: »Hah! So tapfer wie der Kampfsalamander bin ich dreimal! Kein langes Gerede. Ich komme natürlich auch mit.«

Da steckte die Wasserratte plötzlich ihren Kopf aus einem vergammelten Abflussrohr und fauchte: »Unerhört! Ist da von einer gefährlichen Reise die Rede? Warum werde ich nicht zuallererst gefragt, ob ich mich an dem Abenteuer beteiligen möchte?«

»Das ist Wally, die Wasserratte«, sagte der Boxer.

»Bist du wirklich so mutig, wie du aussiehst?«, fragte der Piratenpapagei bewundernd.

»Noch viel mutiger!«, entgegnete Wally.

»Dann sei willkommen in meiner Mannschaft!«, rief der Piratenpapagei froh.

Wally hatte noch eine persönliche Bitte. »Mir wäre es lieb, wenn der Igel auch mitkäme. Er ist Wunderheiler und Giftmischer zugleich. So einer kann in der Gefahr immer von Nutzen sein. Eisenbart ist sein Name.«

Der Igel, der wie immer gelauscht hatte, schrie: »Doktor Eisenbart! Doktor! Ich lege Wert auf den Titel. Ohne einen berühmten Arzt könnt ihr die Reise nicht wagen. Also, ich bin dabei. Schaut euch mal meine Stacheln an!«

»Angeber!«, schimpfte der Kampfsalamander.

»Was soll denn das bedeuten?«, fragte der Piratenpapagei, als der Boxer ihn zum Holzbeinhuhn Notburga führte. »So ein zerzaustes Huhn nehme ich nicht mit.«

Der Boxer lachte. »Du kennst Notburga eben noch nicht! Sie ist ganz allein aus einer Legebatterie entkommen und hat zwei Schäferhunde und einen dicken Mann niedergerungen.«

Der Piratenpapagei murmelte: »Wie man sich irren kann!« Er fragte das Holzbeinhuhn: »Traust du dich, mit uns zu reisen?«

»Frag nicht so dumm!«, gackerte Notburga und nickte dazu.

Dann gingen sie zum Schlaffrosch Paul. »Er ist ein gefährlicher Scharfspucker«, erklärte der Boxer.

Eigentlich hatte Paul keine Lust auf eine lange Reise. »Gibt es auf der Wunderinsel wenigstens was zu spucken?«, wollte er wissen.

»Worauf du dich verlassen kannst!«, rief der Piratenpapagei.

»Also, meinetwegen«, nörgelte Schlaffrosch Paul.

Da hatte Fetzer wirklich eine erstklassige Mannschaft beisammen. Gebannt hörten alle dem Piratenpapagei zu. »Auf der geheimnisvollen Wunderinsel blühen Blumen von unbeschreiblich schönen Farben. Und erst die Bäume! So etwas habt ihr noch nie gesehen. Edelsteine glitzern in den Felsen und bunte Perlen. Wir werden die Entdecker sein. Was sagt ihr nun, Freunde?«

Die Karate-Krähe Käthe krähte: »Wie kommen wir denn überhaupt hin zu der Insel? Wir haben doch gar kein Schiff!«

Der Piratenpapagei lächelte. »Es wird eine Ballonreise.«

»Hauptsache, es gibt ordentlich was zu spucken«, quakte der Schlaffrosch Paul.

Der Piratenpapagei und seine wilden Freunde schwärmten aus, um all die Sachen zu rauben, die sie für die Reise unbedingt brauchten.

Ballone waren nötig und eine Gondel, und ein Kompass

sollte ihnen auch in der Luft die richtige Richtung zeigen. Sie durften auch die Sprechfunkgeräte nicht vergessen, denn sie wollten ja mit dem Boxer in Verbindung bleiben.

Mit den erbeuteten Bananen füllten sich die Abfahrer die Bäuche für die lange und gefährliche Reise. In der kleinen Bananenkistengondel war kein Platz für Butterbrote, Äpfel und Regenwürmer.

»Do-do-do-donnerwetter!«, rief der Boxer aus. »Hoffentlich platzt ihr nicht!«

Früh im ersten Sonnenlicht bestiegen die sieben Abfahrer am nächsten Tag die Bananenkistengondel. Wie herrlich die Luftballone leuchteten! Wie stark der Wind blies!

»Ahoi, Freund Boxer«, befahl der Piratenpapagei, »kapp die Haltetaue!«

Da hieb der Boxer mit einem Beil die Stricke entzwei, die die Ballone und die Gondel und die wilde Mannschaft am Boden festgehalten hatten.

Huiii! Aufwärts ging's bis zu den Wolken hinauf. »Nur Mut, meine Freunde!«, rief der Piratenpapagei.

Da schrien die anderen laut: »Wir haben Mut, Kapitän!« Und sie jubelten: »Wir werden die Wunderinsel finden!«

Hoch am Himmel schwebten sie davon, über Land und Meer.

Doch als der Piratenpapagei Fetzer und seine Freunde endlich ihr geheimnisvolles Ziel erreichten, wartete eine schreckliche Überraschung auf sie.

Da stand der blutrote Piratenkater und lachte schadenfroh. Er wetzte seinen Seeräubersäbel und rief: »Hoho, Fetzer, ich und meine Mannschaft, wir haben vor dir die Wunderinsel entdeckt! Und ihr seid jetzt unsere Gefangenen!«

»Wir setzen uns zur Wehr!«, schrie der Kampfsalamander.

Aber der Piratenpapagei hielt seine Leute zurück. »Keiner verlässt die Bananenkistengondel!«, befahl er. »Gegen diese Übermacht kommen wir nicht an. Es gibt nur einen, der es mit diesem Kater aufnehmen kann.«

Sofort nahm der Piratenpapagei über den Satelliten-Sprechfunk Kontakt mit dem Boxer auf. Ihr Gespräch ging so:

Der Piratenpapagei: »Freund Boxer, komm uns zu Hilfe! Wir

sind auf der Wunderinsel angekommen, aber wir werden von fürchterlichen Katern bedroht!«

Der Boxer: »Ach, Fetzer, ich kann euch doch nicht helfen! Ich bin alt und schlapp. Außerdem habe ich doch dieses Gebiss mit künstlichen Zähnen!«

Der Piratenpapagei: »Das wissen diese Kater doch nicht! Willst du etwa deine alten Freunde im Stich lassen?«

Der Boxer: »Nein, das will ich nicht! Aber wie soll ich euch denn finden? Die Seekarte hast doch du!«

Der Piratenpapagei: »Fahr mit dem Holzschuhboot den Fluss hinunter bis zum Meer! Und dann paddelst du in Richtung Süd-Süd-Ost! Wir leiten dich über das Funksignal! Beeil dich, wir sind in großer Gefahr! – Ende!«

Fast hatten die Freunde alle Hoffnung verloren. Da tauchte plötzlich an einem Morgen das Boot mit dem Boxer auf.

Wally, die Wasserratte, stieß einen Freudenschrei aus. »Der Boxer ist da!«

Und alle brüllten vor Freude: »Der Boxer ist da!«

Als der blutrote Piratenkater und seine Seeräuber den Boxer sahen, wie er die Zähne fletschte und die Fäuste schwang, da schrien sie vor Angst und ergriffen die Flucht.

Und nun leben der Piratenpapagei und der Kampfsalamander und die Karate-Krähe Käthe und Wally, die Wasserratte, und der Igel Dr. Eisenbart und das Holzbeinhuhn Notburga und der Schlaffrosch Paul und der Boxer auf der geheimnisvollen Wunderinsel mitten im Meer.

Die Wilden Acht führen ein aufregendes Leben und sind sehr glücklich.

Edith Schreiber-Wicke
Kai kann's

Es war schon ein ziemliches Drama.

Immer wenn Kai schnell irgendwohin laufen wollte, passierte es.

Da wuchs aus der ebenen Straße plötzlich boshaft ein Pflasterstein. Manchmal war es auch eine Stufe. Klar, dass Kai stolperte.

Und wieder war ein Knie zerschrammt, ein T-Shirt schmutzig, ein Hosenbein zerrissen. Kai weinte.

Kais Mutter tröstete. Aber sie sagte auch: »Kannst du denn nicht aufpassen?«

Oder beim Frühstück. Kai wollte nach der Marmelade greifen. Da sprang blitzschnell die Katzentasse mit dem Kakao dazwischen. Klar, dass der Kakao danach verschüttet war. Und die Marmelade auf dem Boden. Niemand kann ein Glas festhalten, wenn Katzentassen springen.

Kais Mutter sagte ziemlich laut: »Kannst du denn nicht aufpassen?«

Oder beim Anziehen. Kaum wollte Kai seine Jacke anziehen, da versteckten sich die Ärmel irgendwo tief im Inneren der Jacke. Die Knöpfe waren plötzlich viel zu groß für die Knopflöcher. Und saßen überhaupt an der falschen Stelle. Niemand kann eine Jacke anziehen, wenn die Ärmel nicht da sind und die Knöpfe verrücktspielen.

Kais Mutter sagte verärgert: »Andere Kinder in deinem Alter können das längst!«

Der Winter brachte noch zusätzliche Schwierigkeiten mit sich. Wegen der Kälte. Man braucht Unterzeug, Strumpfhosen, Jeans, eine Überhose gegen die Nässe, einen Pullover, einen Anorak, einen Schal, Fäustlinge, eine Mütze, Fellstiefel. Irgendwann waren dann die Ärmel an ihrem Platz, der kaputte Reißverschluss repariert, die Stiefel am jeweils richtigen Fuß, das abgerissene Schuhband geknüpft. Und dann sagte Kai mit schöner Regelmäßigkeit: »Ich muss mal.«

Kais Mutter knirschte mit den Zähnen und sagte nichts. Aber Kai wusste, was sie nicht sagte.

Oder die Sache mit den Büchern. Kai liebte Bilderbücher. Mehr als alle anderen Spielsachen. Kai bestand darauf, selbst umzublättern. Ganz vorsichtig natürlich. Aber plötzlich –

mitten in der Geschichte – wollte das Buch weghüpfen. Kai musste es natürlich festhalten. Und wieder war ein Riss in der Seite.

Kais Mutter sagte zu Kais Vater: »Das Kind nervt. Wie kann ein einziges Kind so ungeschickt sein?«

Kai saß in seinem Zimmer und befühlte die Beule an seiner Stirn. Die Tischkante hatte sich ihm ganz gemein in den Weg gestellt. Da sprang eine große graue Katze neben ihn aufs Bett. Das wäre an sich nichts Besonderes. Für jemanden, der eine große graue Katze hat. Aber Kai hatte keine große graue Katze. Er hatte gar keine Katze. Er hatte ein Problem.

»Hast du ein Problem?«, fragte die große graue Katze.

»Und ob«, sagte Kai. »Ich bin total ungeschickt. Ich kann nicht aufpassen. Das nervt. Sagt meine Mutter. Außerdem tut es weh.«

»Alle Menschen sind ungeschickt«, sagte die große graue Katze. »Das liegt daran, dass sie keine Katzen sind.«

»Aber andere Kinder sind geschickter als ich«, sagte Kai. »Und die sind auch keine Katzen.«

»Andere Kinder sind andere Kinder«, sagte die große graue Katze. »Und du bist du. Denk dir einfach: ›Kai kann's.‹«

»Das soll helfen?«, fragte Kai und stolperte über einen Hausschuh, der sich heimtückisch quer gestellt hatte. Manche Hausschuhe neigen zur Bosheit. Besonders die kleinkarierten.

»Siehst du, was ich meine«, sagte Kai. Aber die große graue Katze war verschwunden.

Auf dem Spielplatz wartete Sarah schon auf Kai. Sie war wütend.

»Weißt du, was Gregor zu mir gesagt hat?«, fragte sie Kai.

Kai wusste es nicht. Aber Sarah sagte es ihm.

»Mädchen sind blöd!« Das war's, was Gregor behauptet hatte.

Eben kam Gregor die Rutsche herunter. »Minderhirniger Siebendümmling!«, sagte Kai zu ihm.

»Minderhirniger Siebendümmling«, wiederholte Sarah bewundernd. »Das ist toll. Wäre mir nie eingefallen.«

»Du bist ziemlich geschickt im Wörterwerfen«, sagte die große graue Katze. Die saß nämlich ganz plötzlich auf dem Klettergerüst.

Und dann, drüben bei der Schaukel, wäre jemand fast auf eine Raupe getreten. Aber Kai sah die Raupe rechtzeitig. Er ließ sie auf ein Blatt klettern und setzte sie im Park auf einem Strauch ab.

»Du bist aber ziemlich geschickt im Raupenretten«, sagte die große graue Katze. Sie saß jetzt auf dem Baum nebenan.

Als Kai mit seiner Mutter nach Hause kam, saß die große

graue Katze vor der Terrassentür. Vielleicht ist es ja eine Zauberkatze, dachte Kai. Die sind bekanntlich nicht hungrig. Aber wenn es keine Zauberkatze ist, dann ist es bestimmt eine hungrige Katze.

Kai zerbröckelte den Käse aus seiner Semmel und stellte ihn auf einem kleinen Teller vor die Tür. Vielleicht auch eine Schale Wasser?, dachte Kai.

»Du bist aber ziemlich geschickt im Katzenkennen«, sagte die große graue Katze. Sie begann genussvoll an einem Käsestück zu kauen.

An diesem Abend sprang die Katzentasse nicht. Und das Bilderbuch hielt still. Und die Überschwemmung im Badezimmer war so niedrig wie nie. Nur der Schlafanzug bekam einen Riss ab, weil ihn die Türklinke festhalten wollte. Es war aber nur ein ganz kleiner Riss.

Ich bin geschickt im Wörterwerfen, im Raupenretten, im Katzenkennen. Das ist doch was, dachte Kai. Das ist sogar eine ganze Menge. Auch die kleinkarierten Hausschuhe hatten begriffen. Sie machten ganz bescheiden Platz, als Kai ins Bett kletterte.

»Na bitte, geht ja«, murmelte er.

Jeanette Randerath

Carlotta und das Rätsel der Zeit

»Papa, baust du eine Höhle mit mir?«, fragt Carlotta.

»Tut mir leid, mein Liebling. Ich hab überhaupt keine Zeit. Ich muss bis heute Mittag unbedingt den Plan fertig haben.«

Carlotta nimmt sich Stift und Papier und malt einen Höhlenplan. »Mama, hast du Zeit, eine Höhle mit mir zu bauen?«, fragt Carlotta.

Die Mutter guckt auf die Uhr. »Auweia, Carlotta. Die Zeit rinnt mir durch die Finger. Frag doch Tim, ob er mit dir spielt.«

»Warte, ich fang sie auf! Ich will mir die Zeit einmal angucken«, ruft Carlotta und holt eine Schüssel. Aber da ist die Mutter schon aus dem Haus.

»Tim, weißt du, wie die Zeit aussieht?«, fragt Carlotta.

»Meine sieht wahrscheinlich aus wie eine Schnecke. Jedenfalls kriecht sie so langsam. Aber wenn ich groß bin, werd ich Rennfahrer.«

»Hast du Lust, in der Zwischenzeit eine Höhle mit mir zu bauen?«, fragt Carlotta.

»Nee«, sagt Tim. »Aber hast du Lust, mir dein Autoquartett zu schenken?«

»Nein, aber ich würde es gegen dein Buch mit den Höhlenbildern tauschen«, sagt Carlotta.

»Okay«, sagt Tim.

Mittags bringt Papa Carlotta zu ihren Großeltern.

»Was steht denn da?«, fragt Carlotta, als sie an einer Ampel halten.

»Zeit ist Geld«, liest Papa das Plakat vor.

»Versteh ich nicht«, sagt Carlotta.

»Leute, die es eilig haben, denken oft an das Geld, das sie in der Zeit verdienen müssten.«

»So wie du und Mama«, stellt Carlotta fest.

»Ja«, sagt Papa. »Wir brauchen das Geld, um die Sachen zu kaufen, die wir zum Leben brauchen. Für das Essen, Kleider und die Miete …«

»Hmm«, sagt Carlotta und denkt nach. Alle reden von der Zeit, aber sehen kann man sie nicht. Hinter ihnen hupt ein Auto.

»Der tickt doch nicht mehr richtig«, schimpft Papa und guckt böse in den Rückspiegel.

Die Oma klebt gerade Fotos in ihr Fotoalbum.

»Wer ist denn diese Frau?«, fragt Carlotta.

»Das war ich, als ich noch jünger war.«

»Hattest du denn früher keine weißen Haare?«, fragt Carlotta.

»Nein«, lacht die Oma. »Früher hatte ich so braune Haare wie du. Die weißen habe ich erst mit der Zeit bekommen.«

Carlotta blättert weiter. »Und was ist das für ein Baby?«, fragt sie.

»Da kommt es gerade zur Tür rein«, sagt die Oma.

»Opa?«, fragt Carlotta und lacht. »Opa war mal ein Baby?«

»Mein Gott, wie die Zeit verflogen ist«, sagt der Opa und schüttelt den Kopf.

»Und das Mädchen mit dem Kuchen?«, fragt Carlotta.

»Das war meine Oma an ihrem siebten Geburtstag«, sagt die Oma. »Deine Ururoma.«

»Guck mal, sie hat den gleichen Knick im kleinen Finger wie ich«, ruft Carlotta.

»Und wie ich«, sagt die Oma und legt ihre Hand neben Carlottas. »Den hat sie uns vererbt und so hat sie in uns die Zeit überlebt.«

»Hast du geweint, als sie gestorben ist?«

»Ja, sehr«, sagt die Oma, »aber jetzt ist es nicht mehr so schlimm. Die Zeit heilt alle Wunden.«

»Ich glaube, die Zeit kann zaubern«, sagt Carlotta. »Hat

deine Oma in einer Höhle gewohnt?«, fragt Carlotta und blättert in ihrem Höhlenbuch.

»Nein«, sagt die Oma. »Das war noch lange, lange vor ihrer Zeit. Aber die Urururururoma deiner Urururururur...oma vielleicht schon.«

»Mussten die Leute Miete bezahlen, wenn sie in einer Höhle wohnten?«, fragt Carlotta.

»Nein, damals gab es noch kein Geld.«

»Dann hatten sie bestimmt mehr Zeit für ihre Kinder«, sagt Carlotta.

»Dafür mussten sie alles selber machen: Höhlen bauen, Beeren sammeln, Tiere jagen, Kleider nähen. Und bevor die Menschen das Geld erfunden haben, haben sie die Sachen untereinander getauscht«, erklärt der Opa.

»Das habe ich gegen ein Autoquartett eingetauscht«, sagt Carlotta und zeigt dem Opa das Buch.

»Haben die Höhlenmenschen auch schon Geburtstag gefeiert?«, fragt Carlotta.

»Sie haben wahrscheinlich gar nicht gewusst, wie alt sie sind«, sagt Opa.

»Dann hat sie kein einziges Geburtstagsgeschenk in ihrem Leben bekommen,

meine Höhlenoma Knickfinger«, sagt Carlotta. »Ich wäre sehr traurig, wenn ihr meinen Geburtstag vergessen würdet.«

»Wir könnten der Höhlenoma einen Geburtstagskuchen backen und ein Fest für sie feiern«, schlägt Carlotta vor.

»Heute Abend«, stimmt die Oma zu.

»Wir laden alle ein und ich baue eine Höhle. Ich mach das jetzt selber.«

»Ich baue mit«, sagt der Opa.

»Ich auch«, sagt die Oma.

Am Abend bringt jeder ein Geburtstagsgeschenk für die Höhlenoma mit – etwas, was es in ihrer Zeit noch nicht gab. »Uhren bitte draußen lassen!«, sagt Carlotta, bevor sie die anderen in die Höhle hereinlässt.

»Ich hab ein Rätsel für euch!«, sagt Carlotta, als sie alle zusammensitzen. »Was ist das: Es ist unsichtbar, aber es kann rinnen, kriechen und fliegen.«

»Das gibt's doch gar nicht«, sagt Tim.

»Knickfinger können es überleben«, sagt Carlotta.

»Was kann das denn sein?«, grübelt Mama und Oma lächelt.

»Manche haben es nicht! Und bei manchen steht es still«, sagt Carlotta.

»Ich weiß es«, ruft Papa.

»Es kann Babys in Opas verzaubern.«

»Die Zeit«, rufen Oma und Opa und alle lachen.

»Herzlichen Glückwunsch zum Geburtstag, Höhlenoma Knickfinger«, sagt Carlotta feierlich. Als sie den letzten Kuchenkrümel verspeist haben, sagt Papa: »Heieiei, jetzt haben wir völlig die Zeit vergessen!«

Hans Christian Andersen
Die wilden Schwäne

Dort, wohin die Schwalben ziehen, wenn bei uns der Winter kommt, lebte ein König. Er hatte elf Söhne und eine Tochter, die hieß Elisa. Doch er heiratete eine böse Königin, die die armen Kinder nicht leiden konnte. Gleich nach der Hochzeit machte sie die Prinzen bei ihrem Vater so schlecht, dass er nichts mehr von ihnen wissen wollte. Die Königin fasste den Plan, sie in große Vögel zu verzaubern, um sie loszuwerden. Aber so schlimm, wie sie gerne gewollt hätte, konnte sie es doch nicht machen: Die Prinzen verwandelten sich in elf wunderschöne wilde Schwäne. Mit einem sonderbaren Schrei flogen sie zu den Fenstern des Schlosses hinaus, über den Park auf den Wald zu und schließlich über einen großen finsteren Wald hinweg, der sich bis ans Ufer des Meeres erstreckte.

Elisa wusste nicht, was mit ihren Brüdern geschehen war. Sie wuchs zu einem schönen Mädchen heran und merkte nicht, dass ihre Stiefmutter voller Neid auf sie war und Böses mit ihr vorhatte.

231

Eines Morgens nahm die Königin drei Kröten, küsste sie und sagte zu der ersten: »Setze dich auf Elisas Kopf, wenn sie ins Bad kommt, dass sie träge wird wie du!« Und zu der zweiten sprach sie: »Setze dich auf Elisas Stirn, dass sie hässlich wird wie du und ihr Vater sie nicht wiedererkennt.« Und zu der dritten: »Ruhe auf ihrem Herzen. Gib ihr eine böse Gesinnung, sodass sie Qualen leiden wird.« Dann rief sie Elisa und ließ sie ins Badewasser steigen.

Als Elisa untertauchte, setzte sich die eine Kröte auf ihren Kopf, die zweite auf ihre Stirn und die dritte auf ihre Brust, aber Elisa merkte nichts davon. Denn sie war viel zu gut und unschuldig, als dass Zauberkünste Macht über sie gehabt hätten.

Als die böse Königin das sah, rieb sie Elisa mit dem Saft grüner Nussschalen ein, strich ihr eine stinkende Salbe ins Gesicht und verstrubbelte ihre schönen Haare. Und tatsächlich: Der König erkannte sie nicht mehr.

Da weinte die arme Elisa bitterlich, und tieftraurig schlich sie aus dem Schloss. Den ganzen Tag lief sie über Feld und Moor und durch den dichten Wald, um ihre Brüder zu suchen.

Kaum hatte Elisa den Wald erreicht, brach schon die Nacht herein. Da legte sie sich aufs weiche Moos. Jeder Laut war verstummt, die Luft war mild und warm, und ringsumher leuchteten viele Hundert Glühwürmchen. Als Elisa erwachte, stand die Sonne schon hoch am Himmel. Sie konnte sie zwar nicht sehen, denn die hohen Bäume breiteten ihre Äste und Zweige zu einem dichten Dach aus, aber die Sonnenstrahlen spielten durch die Blätter wie ein schimmernder Schleier aus Gold.

Ganz in der Nähe hörte Elisa Wasser plätschern. Als sie darin ihr Spiegelbild erblickte, erschrak sie, so schmutzig und hässlich sah sie aus. Schnell legte sie ihre Kleider ab, stieg in das klare Wasser, und da wurde sie wieder wunderschön. Danach ging sie weiter.

Am nächsten Morgen begegnete Elisa einer alten Frau. Elisa fragte sie, ob sie nicht elf Prinzen gesehen habe.

Die Alte antwortete: »Nein. Aber gestern habe ich elf Schwäne mit goldenen Kronen den breiten Bach in der Nähe hinabschwimmen sehen.« Sie beschrieb Elisa den Weg und das Mädchen sagte der Alten Lebewohl und ging den Bach entlang.

Am Ende des Wegs lag das schöne weite Meer vor ihr. Aber nirgends gab es ein Boot, mit dem Elisa hätte weiterkommen können. Im Tang aber lagen elf weiße Schwanenfedern. Und als die Sonne unterging, sah Elisa elf wilde Schwäne mit goldenen Kronen, einen hinter dem anderen dem Land zufliegen, wie ein flatterndes weißes Band im Wind. Da stieg sie den Abhang hinauf und verbarg sich im Gebüsch.

Die Schwäne ließen sich ganz in ihrer Nähe nieder und schlugen mit ihren großen weißen Flügeln. Als die Sonne unter

dem Horizont verschwand, fiel plötzlich das Gefieder von ihnen ab und Elisas Brüder, die elf Prinzen, standen da. Sie lief ihnen entgegen, und überglücklich umarmten sie einander.

Der älteste Bruder erzählte: »Solange die Sonne am Himmel steht, müssen wir als Schwäne fliegen. Wenn sie untergegangen ist, bekommen wir unsere menschliche Gestalt zurück. Darum müssen wir bei Sonnenuntergang immer auf festem Boden stehen, sonst würden wir in die Tiefe stürzen. Wir wohnen jenseits des Meeres, aber der Weg ist weit. Morgen müssen wir wieder fort und können erst in einem Jahr zurückkommen. Hast du den Mut, uns zu begleiten? Gemeinsam sind unsere Flügel stark genug, um dich übers Meer zu tragen.«

»Ja, nehmt mich mit«, sagte Elisa, die ihre Brüder nicht mehr verlassen wollte. Die ganze Nacht brachten die Geschwister damit zu, ein großes, starkes Netz zu flechten.

Als die Sonne aufging – Elisa schlief noch – wurden die Brüder wieder in Schwäne verwandelt. Sie fassten das Netz mit ihren Schnäbeln und flogen hoch in die Wolken empor. Sie waren schon weit vom Land entfernt, als Elisa erwachte. So hoch oben flogen sie, dass ihnen das erste Schiff, das sie unter sich sahen, nur wie eine auf dem Wasser schwimmende Möwe erschien. Hinter ihnen türmte sich eine große Wolke wie ein Gebirge auf, und Elisa sah ihren eigenen Riesenschatten und den der elf Schwäne darüber hinwegziehen. Nie hatte sie ein prächtigeres Bild gesehen.

Bald darauf erblickte Elisa ein in der Luft schwimmendes Gebirge, das mit glitzerndem Schnee bedeckt war. Darauf stand ein gewaltiges Schloss, umgeben von herrlichen Palmenwäldern und prachtvollen Riesenblumen. Sie fragte ihre Brüder, welches Land das sei, aber die schüttelten nur mit den Köpfen. Es war nämlich das schöne, immer wechselnde Wolkenschloss der Fata Morgana. Dahinein durften sie kein lebendiges Menschenkind bringen.

Nach langen Stunden entdeckte Elisa endlich prächtige blaue Berge mit Zedernwäldern, Städten und Schlössern. Die Geschwister waren am Ziel ihrer Reise. Lange vor Sonnenuntergang saßen sie schon in diesen Bergen vor einer großen Höhle, die mit feinen Schlingpflanzen bewachsen war, als wäre sie mit grünen Teppichen behängt.

Als es Schlafenszeit wurde, brachte der jüngste Bruder Elisa in ihr Kämmerchen. »Wenn ich nur träumte, wie ich euch erlösen kann!«, sagte Elisa, bevor sie einschlief.

Im Traum kam es ihr so vor, als flöge sie hoch durch die Luft ins Wolkenschloss der Fata Morgana. Da kam eine schöne Fee auf sie zu und sprach: »Deine Brüder können erlöst werden, aber dafür brauchst du großen Mut und viel Ausdauer. Siehst du diese Brennnessel, die ich hier in der Hand halte? Die wachsen nur im Wald und auf den Gräbern der Kirchhöfe. Brich die Nesseln mit deinen Füßen, dann bekommst du Flachs. Daraus musst du Garn spinnen und elf Panzerhemden mit langen Ärmeln stricken. Die wirf über die elf Schwäne, dann sind sie vom Zauber befreit. Aber du darfst kein Wort sprechen, bis du mit deiner Arbeit fertig bist. Auch, wenn es Jahre dauert. Denn das erste Wort, das über deine Lippen kommt, wird deine Brüder töten.« Und während sie das sagte, berührte die Fee die Hand des Mädchens mit der Nessel, die wie Feuer brannte, sodass Elisa vom Schmerz erwachte. Es war heller Tag und neben ihr lag eine Nessel genau wie die, die sie im Traum gesehen hatte.

Sofort ging Elisa in den Wald, um mit der Arbeit zu beginnen. Die Schmerzen wollte sie gerne ertragen, wenn sie nur ihre Brüder erlösen konnte. Ein Panzerhemd hatte Elisa bereits fertig, als ein Jagdhorn erklang. Erschrocken versteckte sie sich in der Höhle, band die Nesseln zu einem Bündel und setzte sich darauf. Es dauerte nicht lange, da standen Jäger vor der Höhle, und der schönste unter ihnen war der junge König.

Er trat zu Elisa, denn niemals hatte er ein schöneres Mädchen gesehen. »Woher kommst du?«, fragte er.

Elisa schüttelte den Kopf, denn sie durfte ja nicht sprechen.

Da sagte er: »Hier kannst du nicht bleiben. Komm mit mir und werde meine Frau.«

Elisa weinte nur, als der König sie aufs Pferd hob und mit ihr davonritt.

Als sie im Schloss angekommen waren, verkündete der König die Hochzeit, obgleich der Erzbischof den Kopf schüttelte und dem König zuflüsterte, dass das schöne Waldmädchen ganz sicher eine Hexe sei. Aber der König hörte nicht darauf. Er ließ die herrlichste Musik erklingen und die köstlichsten Gerichte auftragen. Doch kein Lächeln trat auf Elisas Lippen. Da zeigte er ihr ein kleines Kämmerchen neben ihrem Schlafgemach. Das war mit grünen Teppichen behängt und glich Elisas Höhle. Auf dem Boden lag ihr Bündel Flachs und unter der Decke hing das fertige Panzerhemd.

Als Elisa erblickte, was ihr so am Herzen lag, spielte ein Lächeln um ihren Mund. Sie dachte an ihre Brüder und dass sie sie nun doch erlösen konnte, und küsste dem König die Hand. In ihren Augen war innige Liebe zu dem guten, schönen König zu lesen. Da drückte er sie an sein Herz und ließ alle Kirchenglocken läuten.

Nachts, wenn der König schlief, ging Elisa heimlich in das Kämmerchen und strickte ein Panzerhemd nach dem anderen. Als sie aber das siebte anfing, hatte sie keinen Flachs mehr. Sie wusste, wo die Nesseln wuchsen, die sie brauchte. Voller Angst schlich sie sich in einer hellen Mondnacht in den Garten hinunter zum Friedhof. Hässliche, alte Hexen saßen dort, die Elisa mit bösen Augen anstarrten. Tapfer sammelte sie die Brennnesseln und kehrte damit ins Schloss zurück.

Aber der Erzbischof, der umherging, wenn alle anderen schliefen, hatte sie beobachtet. Nun behielt er also doch recht! Die Königin war eine Hexe. Er erzählte dem König, was er gesehen hatte.

Da rollten zwei schwere Tränen über des Königs Wangen. Nachts tat er nun so, als ob er schliefe, und da merkte er, wie Elisa jede Nacht aufstand. Jedes Mal folgte er ihr leise und sah, wie sie in ihrem Kämmerchen verschwand. Tag für Tag wurde seine Miene finsterer.

Elisa bemerkte das, sie wusste aber nicht, warum dies so war, aber es ängstigte sie sehr. Und was litt sie nicht in ihrem Herzen um ihrer Brüder willen! Doch ihre Arbeit ging dem Ende zu: Nur ein einziges Panzerhemd fehlte noch. Einmal noch, nur noch dieses letzte Mal, musste sie auf den Kirchhof gehen. Der König und der Erzbischof folgten ihr. Und da glaubte auch der König, dass Elisa ein Hexe war.

Elisa wurde in ein feuchtes, dunkles Loch gebracht, durch dessen vergitterte Fensterlöcher der kalte Wind blies. Statt Samt und Seide wurde ihr das Bündel Nesseln gegeben, das sie gesammelt hatte. Die sollten ihr Kissen sein, und die harten brennenden Panzerhemden ihre Decke. Nichts Schöneres hätte man ihr mitgeben können! Und Elisa machte sich gleich wieder an die Arbeit.

Gegen Abend hörte sie vor ihrem Fenster das Sausen von Schwanenflügeln. Es war ihr jüngster Bruder. Sie schluchzte laut auf vor Freude, obgleich sie wusste, dass diese Nacht wohl ihre letzte sein würde. Doch ihre Arbeit war beinahe vollendet und ihre Brüder in der Nähe, sodass Elisa sie erlösen konnte. Mäuse huschten über den Fußboden ihres Kerkers und schlepp-ten ihr die Nesseln vor die Füße, um ihr ein wenig zu helfen. Und eine Drossel setzte sich vor das Gitter ihres Fensters und sang die ganze Nacht hindurch, so fröhlich sie konnte, damit Elisa nicht den Mut verliere.

Am nächsten Morgen sollte Elisa verbrannt werden. Doch selbst jetzt hörte sie nicht mit der Arbeit auf. Als sie zum Scheiterhaufen geführt wurde, kamen elf weiße Schwäne geflo-gen. In großer Eile warf Elisa die elf Hemden über die Schwäne, und siehe, plötzlich standen elf schöne Prinzen da.

Nur der jüngste von ihnen hatte statt des einen Armes einen Schwanenflügel, denn an seinem Panzerhemd fehlte noch ein Ärmel.

»Endlich darf ich sprechen«, sagte Elisa. »Ich bin unschuldig.«

Das Volk und der König erkannten, was geschehen war, und verbeugten sich vor ihr wie vor einer Heiligen. Sie aber sank vor Erschöpfung ohnmächtig in die Arme ihrer Brüder.

»Ja, sie ist unschuldig!«, sagte ihr ältester Bruder und erzählte, was geschehen war. Und während er sprach, verbreitete sich ein betörender Duft. Denn aus dem Scheiterhaufen wuchsen Rosen. Auf der höchsten Spitze aber blühte eine weiße Rose, die glänzte wie ein Stern. Diese Rose pflückte der König und reichte sie Elisa.

Da kam Elisa wieder zu sich und fühlte Glück und Freude im Herzen. Alle Kirchenglocken läuteten von selbst, und die Vögel kamen in großen Scharen geflogen. Und ein Hochzeitszug bewegte sich zum Schloss zurück, wie ihn noch kein König je zuvor gesehen hatte.

Joachim Friedrich

Mein bester Freund und ich brauchen keine Mädchen

In unserer Klasse gibt es viele Mädchen.

Max und ich überlegen lange, welche wir zum Verlieben nehmen sollen.

Lisa? Oder Britta? Oder Carolin? Oder Aische? Oder Evi? Oder Sarah?

»Die können wir wahrscheinlich alle nicht zum Verlieben gebrauchen«, sage ich.

»Und Evi und Sarah sowieso nicht!«, ruft Max.

»Nie im Leben!«, rufe ich. »Die ärgern uns doch immer!«

»Vielleicht braucht man ja gar keine Mädchen zum Verlieben«, sagt Max.

»Das wäre noch besser«, sage ich.

»Schade, dass dein Papa

nicht gesagt hat, was man beim Verlieben alles machen muss«, sagt Max.

»Vielleicht ist das ja geheim«, sage ich.

»Ob man küssen muss, wie der Mann und die Frau an der Haltestelle?«, fragt Max.

»Oder vielleicht heiraten, wie meine Mama und mein Papa?«, frage ich.

»Oder vielleicht sogar Kinder kriegen?«, ruft Max.

»Keine Ahnung«, sage ich.

»Ich auch nicht«, sagt Max.

Vom vielen Überlegen, was man beim Verlieben alles machen muss, bekommen wir Hunger. Max holt Weihnachtsplätzchen von seiner Mama. Selbst gebacken. Lecker!

Leider helfen die Plätzchen auch nicht. Wir wissen immer noch nicht, was man beim Verlieben machen muss.

»Wir fragen Frau Meise!«, ruft Max. »Die weiß es be- stimmt!«

Das ist eine gute Idee. Frau Meise ist unsere Lehrerin. Sie ist die tollste Lehrerin der Welt.

Sie weiß alles!

In der Schule sagen wir: »Guten Morgen, Frau Meise!«

Dann dürfen wir aufzeigen. Ich bin Erster.

»Hast du eine Frage, Moritz?«, fragt Frau Meise.

Ich will Frau Meise fragen, wie man sich verliebt, aber ich kann nicht. Alle gucken mich an, auch die Mädchen. Darum traue ich mich nicht.

»Ich wollte nur sagen, dass Sie die tollste Lehrerin der Welt sind, Frau Meise!«, rufe ich.

»Angeber!«, rufen Evi und Sarah.

Evi und Sarah sitzen in der Schule hinter uns. Sie ärgern uns immer.

»Wir fragen sie in der Pause«, flüstert Max mir zu.

»Gute Idee«, flüstere ich zurück.

Max und ich warten vor dem Lehrerzimmer auf Frau Meise. Wir müssen die ganze Pause warten. Darum können wir nicht Fußball spielen. Macht aber nix.

Plötzlich kommen Evi und Sarah.

»Was wollt ihr hier?«, fragt Evi.

»Bestimmt warten sie auf Frau Meise«, sagt Sarah. »Die Angeber!«

»Gar nicht!«, rufe ich.

»Und warum steht ihr dann hier?«, fragt Evi.

»Nur so«, sagt Max.

»Dann stehen wir auch hier«, sagt Sarah.

»Auch nur so«, sagt Evi.

Evi und Sarah bleiben mit uns vor dem Lehrerzimmer stehen.

Das ist gemein! Wie sollen wir denn nun Frau Meise fragen, wie man sich verliebt?

Zum Glück kommt Carolin.

»Wir wollen Gummitwist spielen. Macht ihr mit?«, fragt sie Evi und Sarah.

Evi und Sarah überlegen ein bisschen. Dann gehen sie mit Carolin auf den Schulhof. Gummitwist ist ein blödes Mädchenspiel. Macht aber nix. Hauptsache, sie sind weg.

Endlich kommt Frau Meise aus dem Lehrerzimmer.

Ich gucke, ob keiner guckt.

»Max und ich wollen uns verlieben«, sage ich leise zu Frau Meise. »Wie macht man das?«

Frau Meise guckt sich um. Ob sie auch nicht will, dass uns jemand hört?

»Was du immer für Fragen stellst, Moritz!«, sagt Frau Meise dann. Das sagt sie öfter.

»Können Sie uns trotzdem sagen, was man beim Verlieben machen muss?«, fragt Max.

»Da müsst ihr gar nichts machen. Das geschieht von ganz allein«, sagt Frau Meise.

»Echt? Wie merkt man das denn?«, ruft Max.

»Wenn man verliebt ist, klopft das Herz ganz schnell«, sagt Frau Meise. »Und die Knie zittern. Und man bekommt feuchte Hände.«

»Braucht man denn Mädchen dazu?«, frage ich.

»Meistens verlieben sich Jungen und Mädchen ineinander«, sagt Frau Meise. »Aber Jungen können sich auch ineinander verlieben. Und Mädchen auch.«

»Und wie geht das?«, frage ich.

»Ich muss noch mal ins Lehrerzimmer«, sagt Frau Meise und weg ist sie.

»Gut, dass Frau Meise alles weiß«, sage ich.

»Richtig verstanden habe ich es aber trotzdem nicht«, sagt Max.

Ich auch nicht. Macht aber nix, denn jetzt können Max und

ich endlich Fußball spielen. Doch leider ist die Pause schon zu Ende.

»Gut, dass man keine Mädchen zum Verlieben braucht«, sage ich zu Max.

»Vor allem Evi und Sarah nicht!«, ruft Max.

Max Kruse

Urmel in der See

Auf der Insel Titiwu, wo Professor Habakuk Tibatong und seine sprechenden Tiere wohnten, gab es eine Höhle. Es war eine große Höhle mit einem See.

Dort lebte eine große Krabbe. Auch ihr hatte der Professor das Sprechen beigebracht, nämlich die Taubstummensprache.

Sie verständigte sich mithilfe ihrer Zangen. In ihrer Kindheit hatte die Krabbe in schönen untergegangenen Schiffen tief, tief im Meer gelebt.

Aber schreckliche und gefährliche, sehr seltene Lebewesen hatten sie daraus vertrieben.

Aus Furcht vor diesen Lebewesen hatte sich die Krabbe aus dem Meer in die Höhle auf der Insel Titiwu zurückgezogen.

Eines Nachts machte Seele-Fant, der See-Elefant, eine merkwürdige Beobachtung: Seltsame Geschöpfe stiegen aus dem Meer. Sie liefen am Strand auf und ab, als ob sie etwas suchten. Sie redeten miteinander und zischten und glucksten dabei. Dann tauchten sie wieder ab.

Seele-Fant waren sie unheimlich. Deshalb robbte er zum Professor und erzählte ihm davon.

Der Professor erinnerte sich an das, was die Krabbe ihm erzählt hatte.

Er sprach mit ihr und rief danach seine Freunde zusammen, um sich mit ihnen zu beratschlagen: das Schwein Wutz, den Schuhschnabel Schusch, Wawa, den Waran, Seele-Fant, Ping Pinguin, Tim Tintenklecks und natürlich das Urmel.

Der Professor sagte: »Die Krabbe glaubt, es seien die Seeungeheuer, die sie vor langer Zeit aus ihrem Haus vertrieben haben und jetzt wieder verfolgen.«

»Pfrecklich!«, meinte Ping Pinguin, der statt »sch« immer »pf« sagte.

Der Professor nickte. »Wir müssen der Krabbe helfen. Ihr wisst ja, dass ich Tauchtabletten erfunden habe. Sie ermöglichen es jedem, so lange unter Wasser zu bleiben, wie ihre Wirkung anhält.«

»Und was passiert, wenn sie nicht mehr wirken?«, fragte das Urmel.

»Dann ertrinkt man, wenn man nicht rechtzeitig wieder an die Luft kommt.«

»Ich nicht, ätsch«, sagte das Urmel. »Ich bin beides, ein Landtier und ein Meeresbewohner!«

»Das Urmel ist auch noch stolz darauf, ein halber Fipf zu sein«, flüsterte Ping Pinguin Wawa zu.

Und Wawa zischte zurück: »Es heißt Fisch! Wann lernst du es endlich?«

Das Urmel fuhr fort: »Aber Wutz muss dann ertrinken!«

Wutz schluchzte: »Das scheint dich auch noch zu freuen, öff! Das ist nun der Dank dafür, dass ich dich aufgezogen habe!«

»Nun weine nicht, Wutz«, rief der Professor ungeduldig. »Ich habe beschlossen, die Seeungeheuer in ihrer Stadt bei den Korallenriffen zu besuchen. Ich will sie bitten, die Krabbe in Frieden zu lassen.«

»Ich komme mit!«, rief das Urmel. Niemand wollte den Professor alleine gehen lassen. Nur Seele-Fant sollte zu Hause bleiben.

Der Vogel Schusch wollte mitkommen, solange sie sich nicht unter Wasser begaben. So konnte er im Notfall Seele-Fant zu Hilfe holen.

Tim Tintenklecks baute ein Floß aus Baumstämmen. Bald war es fertig und sie segelten über den Ozean.

Der Professor stand mit dem Fernglas vorne. Tim Tintenklecks steuerte. Wutz wurde in ihrer Schlummertonne hinterhergezogen. Wawa döste in der Sonne. Schusch stand auf einem Bein und klapperte müde mit den Augen. Und das Urmel und Ping Pinguin vergnügten sich oft in den Wellen.

Nach einigen Tagen sagte der Professor: »Ich glaube, wir sind da!«

»Ich sehe aber keine Schiffe. Und keine Korallenriffe. Und keine Seeungeheuer!«, rief das Urmel.

»Natürlich nicht. Die sind alle tief, tief in der See – also in der Tiefsee«, erklärte der Professor.

Sie beschlossen, Ping Pinguin vorauszuschicken. Er sollte herausfinden, wie sie in die Stadt der Seeungeheuer kämen. Ping Pinguin schluckte eine Tauchtablette und verschwand in den Wellen.

Viele Stunden blieb er aus.

Erst als die Sonne sank, kehrte er zurück.

Und dann erzählte er. Er war in der Stadt gewesen! Glücklicherweise hatte ihn keines der Ungeheuer bemerkt.

»Gut gemacht, Ping Pinguin!«, sagte der Professor. »Morgen tauchen wir zusammen hinab.«

Aber nun mussten sie erst einmal schlafen.

Nur das Urmel schlief nicht. Es wollte zu den Seeungeheuern.

Ping Pinguin hatte sie so beschrieben, als ob sie ganz ähnlich wie das Urmel aussähen. Waren es etwa seine Verwandten? Ganz leise stand es auf und schrieb auf einen Zettel: »Ich bin schon vorausgeschwommen. Macht euch keine Sorgen!«

Am nächsten Morgen machten sich die anderen aber doch Sorgen.

Wutz weinte. »Liebes, dummes Urmel, öff, nun fangen dich die Seeungeheuer!«

»Wir brechen sofort auf. Wir helfen ihm!«, rief der Professor.

Sie banden sich alle mit einem langen Seil zusammen, schluckten jeder eine Tauchtablette und sprangen ins Wasser. Nur Schusch blieb auf dem Floß.

Vor dem Professor und seinen Freunden tat sich eine Welt voller Zauber auf. Die Fische waren gelb und rot und blau und grün. Sie waren lang und kurz und rund und schlank.

Je tiefer unsere Freunde kamen, desto dunkler wurde es. Aber nun begannen – o Wunder! – einige Fische selbst zu leuchten.

Ping Pinguin, der sich hier ja schon auskannte, führte die anderen. So kamen sie zu einer Tür in einem großen Korallenriff. Dahinter wohnten die Seeungeheuer. Ein wenig zögerten unsere Freunde. Würden sie je wieder herauskommen?

Doch Wutz quiekte: »Denkt an das Urmel, öff!«

Als sie sich der Tür näherten, entdeckten sie einen riesengroßen, graugrünen Stein. Plötzlich richtete sich dieser auf. Er sah aus wie eine Schildkröte ohne Panzer, mit einem langen Schwanz und einem langen Hals.

»Der Seeungeheuer-Türhüter!«, erklärte Ping Pinguin.

Der Türhüter forderte sie mit einer Verbeugung auf, hineinzuschwimmen.

»Leb wohl, geliebtes Titiwu, öff! Ich seh dich nie mehr wieder«, seufzte Wutz.

Sie schwebten hinein. Und wenn vorher alles schon so wunderbar gewesen war, jetzt fühlten sie sich wie in einem Märchen. Auf Balken, Masten, Vorbauten und Schiffsgeländern saßen glimmende Meerestiere. Es gab auch leuchtende Pflanzen. Laternen tragende Fische begleiteten ihren Zug. Es ging durch Straßen und Gassen. Links und rechts erhoben sich die Behausungen der Seeungeheuer. Es waren alles untergegangene Schiffe früherer Zeiten. Die Straßen waren wie ausgestorben. Die Seeungeheuer hockten in ihren Schiffshäusern. Sie drückten sich ihre weichen Nasen an den Fensterscheiben platt.

Unsere Freunde kamen zu einem besonders großen Schiff. Es hatte mehrere Decks. Seine Masten ragten hoch auf.

»Dies könnte ihr Rathaus sein oder das Schloss ihres Herr-
schers …«, murmelte der Professor.

»Man scheint uns zu erwarten. Also hinein! Es bleibt uns
keine andere Wahl!«

Kaum waren sie drinnen, erklang die Schiffsglocke. Und als
ob sie nur auf dieses Zeichen gewartet hätten, stießen nun die
Seeungeheuer ringsum die Türen und Fenster auf. Sie quollen
heraus, mit mächtigen Leibern, Hälsen und Köpfen.

»Ach, Professor«, sagte Wutz ängstlich, »mich verlässt aller
Mut, öff!«

»Und vom Urmel ist weit und breit nicht die kleinste

Schwanschspitsche zu sehen!«, meinte Wawa, der statt »z« immer »sch« sagte.

Es dauerte nicht lange, da schwamm von hinten eine Gruppe von Seeungeheuern heran. Es waren wohl die Seeungeheuer-Soldaten. Sie umringten den Professor, Tim und die Tiere und drängten sie in einen großen Nebenraum.

An einem Tisch saß eine mächtige Gestalt: der Oberst der Seeungeheuer. Er winkte ihnen mit einer schwabbeligen Hand. Sie sollten näher kommen.

Der Professor verbeugte sich. Er stammelte: »Gut Nass, Verehrtester! Oder wie begrüßen Sie sich hier? Ich hörte, dass Sie unsere Sprache sprechen. Wir wünschen uns, dass wir Freunde werden!«

Der Riese am Tisch öffnete sein Maul. Er sagte pfeifend und gurgelnd: »So, so – pitsch, püh! Dass wir sprechen können, habt ihr auch schon gehört! Sehr – pitsch – schlecht!« Das riesengroße Geschöpf sah den Professor mit großen Augen an.

»Schau, wie das Seeungeheuer glotscht!«, flüsterte Wawa Ping Pinguin zu.

»Wir sind – pitsch – keine Seeungeheuer«, sagte dieses böse. »Wir sind Homo-Saurier, püh. Menschenähnliche Saurier. Und ihr müsst – pitsch – sterben, damit niemand erfährt, dass es uns gibt, püh!«

»O du geschabte Rübe«, flüsterte Wutz. »Die Wirkung der Tauchtablette lässt nach! Hast du noch eine, Professor, öff?«

255

»Nein«, sagte der Professor verlegen. »Ich habe die Tauchtabletten in der Eile auf dem Floß vergessen!«

»Ach«, seufzte Wutz, »mein liebes Urmel, öff, wir sehen dich nie mehr wieder!«

Ping Pinguin und Wawa blickten einander ganz erschrocken an.

Der Oberst der Homo-Saurier hatte interessiert zugehört. Nun sagte er: »Ach, ihr müsst von ganz alleine sterben, wenn ihr nur lange genug unter Wasser seid, pitsch? Aber das ist ja – püh – vortrefflich! Wir Homo-Saurier töten nicht gern. Sterben aber müsst ihr alle, pitsch!«

»Aber warum denn?«, rief der Professor.

Auch er bekam Angst. »Das ist sicher ein Missverständnis! Lasst uns sofort wieder an die Luft, dann werde ich alles aufklären.«

»O nein!«, rief der Homo-Saurier. »Ihr werdet in diesem Schiff unter Wasser eingesperrt, pitsch, bis ihr – püh – ertrunken seid. Sterben müsst ihr, pitsch, weil ihr unser Geheimnis kennt und wisst, püh, wo wir leben. Denn alle seltenen Lebewesen werden von den Menschen ausgerottet, pitsch. Die Krabbe hat euch unser Versteck verraten, püh, daher werden wir auch sie umbringen. Leider, leider, pitsch, denn wir haben eigentlich ein weiches – püh – Herz und können keinem Fliegenfisch etwas antun, pitsch!«

Wutz wurde die Luft knapp. Sie quiekte laut und durchdringend: »Urmel – öff! O Urmel, öfföff, Hilfe! Hiiilfeee … öff … öff …«

»Oje, Wutsch stirbt!«, jammerte Wawa leise. »Und ich bin auch bald so weit.«

Im Hintergrund der Kajüte standen viele Homo-Saurier neugierig herum. Jetzt kam Bewegung in die Gruppe. Jemand drängte sich durch – das Urmel!

Unter seinem rechten Arm trug es ein kleines Homo-Saurier-Kind.

Das Urmel erkannte sofort, dass seine Freunde in Gefahr waren. Es sprang auf den Tisch, hinter dem der Oberst der Homo-Saurier saß.

»Du bist mir ja ein schöner Onkel!«, rief es. »Erst freuen wir uns, dass wir miteinander verwandt sind, weil die Homo-Saurier irgendwie von den Urmeln abstammen! Und jetzt willst du meine Freunde sterben lassen? Wenn du sie nicht gleich wieder an die Luft lässt, dann … dann … Ich weiß noch nicht, was ich dann mache, Onkel Pitsch, aber es wird furchtbar sein!«

Und das Homo-Saurier-Kind unter seinem Arm quietschte: »Papa! Das Urmel ist mein Freund und seine Freunde – pitsch – sind auch meine Freunde, püh! Alle!«

»Aber ich muss sie doch umbringen, pitsch!«, jammerte der Herr der Homo-Saurier.

»Gar nichts musst du!«, rief das Urmel. »Keiner von ihnen wird euch jemals verraten. Schließlich bin ich ja der lebende Beweis! Ich bin noch viel seltener als ihr. Mich gibt es nur ein einziges Mal und mich hat noch nie jemand verraten. Ganz geheim werde ich gehalten!«

»Professor, öfföff, es ist aus«, röchelte Wutz und sank zu Boden.

»Ich schwöre, nie etwas zu verraten!«, rief der Professor. »Aber jetzt hilf uns schnell hier heraus, mir wird auch schon langsam schwindlig!«

»Nun denn – pitsch, püh! Ich kann nichts gegen mein gutes Herz tun! Homo-Saurier! Wachen! Professor Tibatong und seine Tiere sind von jetzt an – pitsch – unsere Freunde! Bringt sie hinauf – püh – an die frische Luft!«

Jeweils zwei Wachen packten den Professor und Tim Tintenklecks. Sie schnappten sich Wutz, sie ergriffen Ping Pinguin
und Wawa.

Blitzschnell schwammen sie zusammen mit unseren Freunden durch die Stadt der untergegangenen Schiffe zur Meeres-
oberfläche hinauf.

Der Herr der Homo-Saurier und viele Angehörige seines
Volkes folgten ihnen.

Kaum waren die Freunde an der frischen Luft, erholten sich
alle sehr schnell.

Am Rand des Floßes lag Seele-Fant neben Schusch. »Ach,
gut, dass ähr kommt!«, plapperte Schusch, der statt »i« immer
»ä« sagte. »Äch habe Seele-Fant zu Hälfe geholt, weil ähr gar
nächt wäderkamt. Gerade wollte er zu euch hänabtauchen und
den Seeungeheuern seine Meinung sagen!«

»Es sind keine Seeungeheuer, es sind meine Freunde!«, rief
das Urmel fröhlich. »Und ich habe alle gerettet, den Professor
und Tim und Ping Pinguin und Wawa. Und natürlich Wutz!
Ich bin ein Lebensretter!«

»Ja, das bist du, öff!«, seufzte Wutz, noch immer etwas er-
mattet. Doch ihre rosige Farbe kehrte langsam wieder zurück.

Der Professor und der Oberst der Homo-Saurier schüttelten
sich zum Zeichen ewiger Freundschaft die Hände.

Die Homo-Saurier versprachen, jetzt auch die Krabbe in
Frieden zu lassen.

Nur Seele-Fant war traurig. Erst holte man ihn zu Hilfe und dann brauchte man ihn nicht. Deshalb begann er zu singen: »Öch weuß nöcht, was soll ös bödeutön, dass öch so traurög bön ...«

Und zu seiner großen Verwunderung und Freude fielen die Homo-Saurier mehrstimmig in seinen Gesang ein: »Ich weiß nicht, pitsch, was soll es – püh – bedeuten, dass ich so – pitsch – traurig bin, pitsch, püh ...«

Es klang schauerlich schön.

Das Urmel klatschte in die Händchen und rief: »Fein, jetzt hat Seele-Fant einen Pitschpüh-Chor!« Und dann drehte das Urmel den Kopf zu dem Homo-Saurier-Kind, das es immer noch unter dem Arm hielt, und sagte zu ihm: »Weißt du was, die brauchen mich jetzt alle hier nicht. Wir schwimmen wieder hinunter und spielen weiter Murmeln mit den Schiffskanonen-kugeln. Das wird toll!«

Christian Tielmann

Lulatsch und Haudrauf auf Piratenjagd

»Oh Mann, ist das trist!«, knurrte Haudrauf.

Auf der Insel Trist war wirklich nicht besonders viel los: Die Leute waren ganz und gar mit Abwarten und Teetrinken beschäftigt. Der Fischer sortierte seine Sammlung getrockneter Quallenköpfe und Lulatsch und sein Freund Haudrauf starrten Löcher in den Nebel. Dabei liebten die beiden Freunde eigentlich Abenteuer. Deshalb hatten sie auch das »Büro für schwie-

rige Fälle« gegründet. Nur leider schien es auf der Insel Trist weit und breit keinen einzigen schwierigen Fall zu geben. Und ein Abenteuer erst recht nicht.

Aber da tauchte plötzlich ein Rettungsboot aus dem Nebel auf. Prinzessin Margarete-Luise schleppte sich an den Strand, ließ den Kopf hängen und weinte bitterlich.

»Käpten Klaus Kopfab und seine Piraten haben das königliche Schiff samt Mannschaft, Kronjuwelen und Krone geklaut«, raunte der Leibwächter Lulatsch zu.

»Wenn mein Vater erfährt, dass die Krone weg ist, dann wird er stinksauer!« Eine Träne kullerte über die zarte Wange der Prinzessin.

Die Träne kullerte so schön, dass es Lulatsch ganz warm ums Herz wurde.

»Wir werden dir helfen, Prinzessin!« Haudrauf ballte die Fäuste. »Käpten Kopfab, pah, dass ich nicht lache! Mit dem nehm ich es doch alleine auf!«

»Langsam, langsam! Käpten Kopfab und seine Leute sind nicht harmlos. Die haben geheime Verstecke, ein schnelles Piratenschiff und sogar Kanonen«, murmelte Lulatsch nachdenklich. Aber dann rieb er sich zufrieden die Hände. »Das könnte endlich ein schwieriger Fall werden!«

Sie liehen sich den Quallenkutter des Fischers aus und nahmen sofort die Verfolgung auf. Anscheinend fühlte sich Käpten Klaus Kopfab verflixt sicher. Jedenfalls hatten sich die Piraten

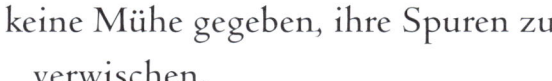

keine Mühe gegeben, ihre Spuren zu verwischen.

Zwei Monate, zwei Wochen und zweieinhalb Tage später wurde der Leibwächter der Prinzessin bleich um die Nasenspitze und sagte mit zitternder Stimme: »Land in Sicht!« Er sah nochmal durchs Fernglas und flüsterte: »Und jede Menge Kanonen sind auch in Sicht!«

»Wir brauchen einen richtig guten Plan«, sagte Lulatsch. »Sonst erwischt uns Käpten Kopfab, bevor wir ihn erwischen.«

»Quatsch«, erwiderte Haudrauf. »Mit Piraten ist es genau wie mit kaputten Fernsehern: Einmal feste draufhauen, dann sehen wir weiter.«

Aber irgendwie wurde Lulatsch das Gefühl nicht los, dass da ein ziemliches Problem auf sie zugeflogen kam. Ein Problem, das Haudrauf übersehen hatte. Er drehte sich um und konnte gerade noch den Kopf einziehen!

»Denkt an die richtige Reihenfolge, Leute: Erst entern, dann versenken!«, rief Käpten Klaus Kopfab. Seine Piraten stürmten auf den Quallenkutter.

»Käpten Kopfab, du Mistkerl! Rück sofort das königliche Schiff, die Mannschaft, die Kronjuwelen und die Krone wieder raus, sonst kriegst du es mit mir zu tun!«, rief Haudrauf und stürzte sich mutig in den Kampf. Aber die Piraten waren in der Überzahl. Da hatte selbst Haudrauf keine Chance.

»Na, das habt ihr ja toll hingekriegt!«, schimpfte der Leibwächter. »Da segeln wir um die halbe Welt, um die Mannschaft zu befreien, und was macht ihr? Ihr bringt nicht nur mich, sondern auch noch Prinzessin Margarete-Luise schnurstracks in den Piratenkerker!«

»Ruhe! Lulatsch muss nachdenken!«, knurrte Haudrauf.

Lulatsch dachte scharf nach und kam zu dem Schluss: »Erstens: Wir müssen hier raus. Zweitens: Wir müssen das Schiff der Prinzessin, die Krone, die Kronjuwelen und den Quallenkutter zurückerobern. Drittens: Wir müssen verhindern, dass uns die Piraten dabei mit ihren Kanonen versenken!«

»Und wie sollen wir das schaffen, du Schlaumeier?«, fragte der Leibwächter.

Lulatsch grinste. Er hatte einen prima Plan. »Haudrauf muss uns hier rausholen, sobald die Piraten schlafen.«

»Nichts leichter als das«, sagte Haudrauf und knackte noch vor dem Morgengrauen das Türschloss.

»Und jetzt?«

»Punkt zwei: Wir müssen die Kronjuwelen und die Krone des Königs finden.«

»Nichts leichter als das«, sagte die Prinzessin, die ahnte, wo die Piraten ihre Beute verstaut hatten.

»Und jetzt?«

»Punkt drei: Wir bringen alle Kanonenkugeln der Piraten auf ihr Piratenschiff.«

»Nichts leichter als das«, sagte der Leibwächter und befahl seiner Mannschaft, alle Kanonenkugeln an Bord des Piratenschiffs zu bringen. Das war zu viel für das Schiff. Es ächzte, knackte und dann krachte es in der Mitte durch und sank.

»Jetzt aber nichts wie weg hier!«, sagte Haudrauf. Denn von dem Lärm waren die Piraten garantiert aufgewacht.

»Moment!«, flüsterte Lulatsch. »Wir müssen noch die Kanonen mit den Quallen des Fischers laden!«

»Das ist ja ekelhaft«, murrte die Mannschaft und stopfte die Quallen in die Kanonenrohre.

»Alarm, Alarm, die Gefangenen wollen verduften!«, schrie Käpten Kopfab.

»Wenn das mal gut geht«, murmelte Haudrauf und zog schon mal den Kopf ein, während die Piraten direkt aus ihren Betten zu den geladenen Kanonen rannten.

»Worauf wartet ihr schleimigen Schnarchtüten?«, schrie Käpten Kopfab, als er sah, dass die Gefangenen türmten. »Erst versenken, dann entern!«

»Aber Chef, wenn wir sie zuerst versenken, können wir sie doch gar nicht mehr entern!«, sagte ein besonders kluger Pirat.

»Wir haben keine Zeit zum Quatschen!«, rief Käpten Klaus Kopfab. »Feuer frei!« Da zündeten die Piraten die Zündschnüre der Kanonen und zielten auf die Schiffe, aber ... es waren nur Quallen in den Rohren und die flogen ganz anders als die schweren Kanonenkugeln.

»Wer war das?«, rief der Käpten. »Das ist ja ekelhaft!« Und

noch während die Piraten darüber stritten, wer von ihnen die Quallen in die Kanonenrohre gestopft hatte, entkamen Lulatsch und Haudrauf samt Prinzessin Margarete-Luise und ihrer Mannschaft.

»Vielen Dank!«, sagte die Prinzessin, als sie in Sicherheit waren. »Ihr wart meine Rettung!« Sie gab Lulatsch und Haudrauf königliche Abschiedsküsse.

Da wurde es Lulatsch so warm ums Herz, dass er keinen Ton mehr herausbrachte, während Haudrauf Kurs auf Trist nahm.

»Was sagen wir eigentlich dem Fischer, wenn er wissen will, wo seine Quallen geblieben sind?«, fragte Haudrauf, als Trist ein paar Tage später vor ihnen aus dem Nebel auftauchte. »Oh, oh«, murmelte Lulatsch nachdenklich. »Ich fürchte, das wird ein schwieriger Fall.«

Autorenverzeichnis

Andersen, Hans Christian: Die wilden Schwäne   231

Berg, Christian: Tamino Pinguin und die schwarze Maus
Jeny mit einem N   172
Brinx/Kömmerling: Die goldenen Schuhe   103

Carl, Verena: Flugstunden mit Dragomir   15

Dölling, Beate: Prahlgänschen   28

Ende, Michael: Der Teddy und die Tiere   140
Ende, Michael: Lirum Larum Willi Warum   73

Friedrich, Joachim: Mein bester Freund und ich brauchen
keine Mädchen   242
Fuchs, Thomas: Der Florastraßen-Grand-Prix   128

Geisler, Dagmar: Ich kann dich ziemlich gut leiden!   170
Grimm, Gebrüder: Brüderchen und Schwesterchen   158

Heuck, Sigrid: Kieselsteinfieber   122
Hoffmann, E.T.A.: Nussknacker und Mausekönig   34

Kruse, Max: Urmel in der See   248
Kruse, Max: Urmel ist ein Schatz   182
Kuckero, Ulrike: Till lädt die Waldelfe ein   85

März, Lene: Es fährt ein Boot nach Schangrila   25
Mueller, Dagmar H.: Johnnie will bei Mama schlafen   65

Napp, Daniel: Peeperkorn erobert den Nordpol   197
Napp, Daniel: Wie Kriminaloberhauptkommissar Meister
die Robozzo-Brüder kassiert   114

Pestum, Jo: Die Wilden Acht   211

Preußler, Otfried: Habuh! Habuuuh!   101
Preußler, Otfried: Rücken an Rücken mit
einem guten Freund   190

Randerath, Jeanette: Carlotta und das Rätsel der Zeit   225
Randerath, Jeanette: Du bist ein echtes Wundertier   58
Rieckhoff, Sibylle: Bleib bloß da drin   186

Schreiber-Wicke, Edith: Kai kann's   220
Schreiber-Wicke, Edith: Zwei Papas für Tango   83

Tielmann, Christian: Autoverrückt   154
Tielmann, Christian: Lulatsch und Haudrauf
auf Piratenjagd   261

Wölfel, Ursula: Die Geschichte vom Hasen mit
den großen Ohren   32
Wölfel, Ursula: Die Geschichte vom lustigen Mädchen   101
Wölfel, Ursula: Die Geschichte von den Nilpferden   209

Alphabetisches Verzeichnis

Autoverrückt   154

Bleib bloß da drin   186
Brüderchen und Schwesterchen   158

Carlotta und das Rätsel der Zeit   225

Der Florastraßen-Grand-Prix   128
Der Teddy und die Tiere   140
Die Geschichte vom Hasen mit den großen Ohren   32
Die Geschichte vom lustigen Mädchen   101

Die Geschichte von den Nilpferden 209

Die goldenen Schuhe 103

Die Wilden Acht 211

Die wilden Schwäne 231

Du bist ein echtes Wundertier 58

Es fährt ein Boot nach Schangrila 25

Flugstunden mit Dragomir 15

Habuh! Habuuuh! 93

Ich kann dich ziemlich gut leiden 170

Johnnie will bei Mama schlafen 65

Kai kann's 220
Kieselsteinfieber 122

Lirum Larum Willi Warum 73
Lulatsch und Haudrauf auf Piratenjagd 261

Mein bester Freund und ich brauchen keine Mädchen 242

Nussknacker und Mausekönig 34

Peeperkorn erobert den Nordpol 197
Prahlgänschen 28

Rücken an Rücken mit einem guten Freund 190

Tamino Pinguin und die schwarze Maus
Jeny mit einem N 172
Till lädt die Waldelfe ein 85

Urmel in der See 248
Urmel ist ein Schatz 182

Wie Kriminaloberhauptkommissar Meister
die Robozzo-Brüder kassiert   114

Zwei Papas für Tango   83

Quellenverzeichnis

Sofern nicht anders vermerkt, liegen die Rechte der in diesem Band abgedruckten Beiträge beim Thienemann Verlag (Thienemann Verlag GmbH, Stuttgart/Wien).

Berg, Christian: Tamino Pinguin und die schwarze Maus Jeny mit einem N © by Christian Berg.

Heuck, Sigrid: Kieselsteinfieber © by Sigrid Heuck.

Mueller, Dagmar H.: Johnnie will bei Mama schlafen © by Dagmar H. Mueller.

Pestum, Jo: Die Wilden Acht © by Jo Pestum.

»Brüderchen und Schwesterchen«, »Die wilden Schwäne« und »Nussknacker und Mausekönig« wurden zeitgemäß überarbeitet und gekürzt von Sonja Hartl.

Abdruck mit freundlicher Genehmigung der Autoren.

Böttler, Carolin (Hrsg.):
Das Kuschel-Vorlesebuch
ISBN 978 3 522 18197 6

Mit einem Elternkapitel von Christiane Benthin
Gesamtausstattung: Mathias Weber
Außentypografie: Michael Kimmerle
Texttypografie: Sabine Conrad
Schrift: Venetian, Spumoni
Satz: KCS GmbH, Buchholz/Hamburg
Reproduktion: Photolitho AG, Gossau
Druck und Bindung: Livonia Print, Riga
© 2010 by Thienemann Verlag
(Thienemann Verlag GmbH), Stuttgart/Wien
Printed in Latvia. Alle Rechte vorbehalten.
5 4 3 2 1° 10 11 12 13

www.thienemann.de